# 房地产的逻辑

董藩◎著

海峡出版发行集团 | 鹭江出版社
THE STRAITS PUBLISHING & DISTRIBUTING GROUP   LUJIANG PUBLISHING HOUSE
2018年·厦门

**图书在版编目（CIP）数据**

房地产的逻辑 / 董藩著 . —厦门：鹭江出版社，2018.6
ISBN 978-7-5459-1476-4

Ⅰ. ①房… Ⅱ. ①董… Ⅲ. ①房地产业—研究—中国
Ⅳ. ① F299.233

中国版本图书馆 CIP 数据核字（2018）第 088863 号

FANGDICHAN DE LUOJI
**房地产的逻辑**
董藩 著

**出版发行**：海峡出版发行集团
鹭 江 出 版 社
**地　　址**：厦门市湖明路 22 号　**邮政编码**：361004
**印　　刷**：北京市十月印刷有限公司
**地　　址**：北京市通州区马驹桥北门口
民族工业园 9 号　**邮政编码**：101102
**开　　本**：880mm × 1230mm　1/32
**插　　页**：4
**印　　张**：8.75
**字　　数**：181 千字
**版　　次**：2018 年 6 月第 1 版　2018 年 6 月第 1 次印刷
**书　　号**：ISBN 978-7-5459-1476-4
**定　　价**：59.80 元

# ■ 自　序 □

2004年，我调到北京工作后，有感于当时房地产舆论之混乱，想从专业角度，做一些房地产知识特别是关于房地产市场与调控理论方面的普及工作。于是，我与《参考消息·北京参考》联系，开设了专栏。但是，刊出五篇短文以后，某权威人士不认可我的观点，并专门给新华社打了电话表达质疑，《参考消息·北京参考》不得不终止了对我的承诺。这样，我被迫把传播阵地转到网络上，搜狐焦点网、新浪网、搜房网成为我最初的传播平台。

尽管那时的网络远不像今天这么发达，但我的第一篇网络长文《关于房地产市场十七个观点与两万言书》贴出后，立即引起广泛转载和热议——据说当时建设部（后改称住建部）很多人打出此文，认真看了一天。时任建设部研究中心主任的陈淮对我说："关于当前的房地产市场，迄今为止，你是讲得最好的"，并请我去部里做了一次深度交流。而建设部老部长杨慎则带着一批人马，直接来到我所在的北师大，与我座谈了一上午，并提议我与他联手组建一个中国房地产研究院，由我出任院长（后因其他原因，组建中国房地产研究院的计划被搁置了）。当时很多企业界人士读到我那篇文章后也设法联系我。那时王石还不认识我，看到冒出个新专家，直接派了时任万科集团办公室主任的朱保全和《万科周科》主编韦业宁到北京拜访我。

今天再看这篇文章，曾经犀利的观点已经变成常识，大家都接受了。但当时此文给行业带来的震动，足可入选年度“行业大事记”。我也因此受到鼓舞，开始利用网络发表观点、传播房地产知识。后来，随着网络平台的增加，我又注册了实名的博客、微博、分答、头条号以及微信公众号“藩丝财智厅”等，并利用这些平台发表了大量形势解读、政策评论、市场分析、投资指导等方面的文章和短消息。借助这些网络平台，我也因此受到国家决策层、房地产业内人士甚至全社会的广泛关注——国家主要领导人温家宝、李岚清、曾培炎、回良玉等多次对我的观点和建议进行批示。这些观点、建议对国家住房保障制度的建设、房地产宏观调控、西部地区开发开放、抗旱立法等均起到了积极的推动作用；很多大开发商请我给公司做内训或请我做顾问；海内外媒体也高度关注我的观点，高峰时期我每年仅在央视不同频道的出镜次数就达百次以上，我也因此被评为“年度中国争议人物”、“中国房地产年度人物”、“中国房地产年度思想贡献人物”、“中国地产网络红人”、“中国房地产大 V”（两次均排名第一）等。

在这个过程中，我的很多评论文章和短消息引起全国甚至国际社会的关注。我的“房价国情论”“房地产救国论”等很多观点以及关于“空置率较高是天大的谬误”“若四大条件不变，25 年后北京房价会到每平方米 80 万元”等判断，引起了巨大争议，甚至有不少网民骂我是“人民公敌”“开发商走狗”。但使我欣慰的是，随着时间的推移、市场的变化、认识的改变，我的一些说法渐渐被决策层吸收、被业内人士认可、被舆论接受。

最高兴的是通过这些文章和培训教育，我帮助很多普通人通过投资置业，增加了财富，避免了他们被社会淘汰，也对很多开发商的投资决策贡献了参考意见。我的这些文章，是与课堂上讲授的内容相辅相成的，虽然不涉及直接的投资经验与技巧，但基本都是以供求关系、价格走势、调控政策、市场化理念、经济规律为议题，这对阅读者的影响是潜移默化的。我非常注意培养学生、学员的市场化意识，我一直强调“不要与规律为敌，不要与趋势作对，不要与市场斗气”。我还强调“投资者（投资家）精神”——专业的精神，科学的态度，国际的视野，长远的眼光！受到这些认识或理念的正向、长期影响，再加上在培训课堂上对投资理论与技巧的学习，很多粉丝因此成为房地产投资的大赢家。我不敢接受学员送我的“地产投资教父”“一言千金的人”之类的赞誉，但我为自己曾帮助许多企业家、社会名流和普通百姓在财富高峰上快速攀升而欣慰。

前年与罗少强先生在一起，由曾引起全世界媒体关注的“到你 40 岁的时候，没有 4000 万元不要来见我，也不要说是我的学生”这个延续了六七年的热点话题，说到国人急需的“财富教育”这个话题。他说其实我的很多评论文章对阅读者来说就是很好的财富教育资料，是我自己忽视了其价值。他就是看了别人转发的我的一些文章，才设法认识了我，了解到我的更多观点，并受我影响而改变了认识，买了房，大获收益的。他说我这些文章虽然是以前发表的，但仍很有价值，只是时间久了，被网络埋没了，很多人找不到而已。他主动提议愿帮忙把这些沉淀的资料挖掘出来，交给出版社——这就是这本书的来历。

2005 年，有一次我同时上了四篇内参，曾培炎副总理阅后批示：“董藩的文章很值得读……”其他领导也有过类似的口头评价。这给了我很大鼓励。我希望这本书仍值得读，仍能对阅读者认识市场、提升投资能力有帮助，也希望大家继续关注我的微信公众号“藩丝财智厅”以及实名的微博、分答、头条号等平台，不断与我交流新的认识，也获取新的投资信息。一个学员曾说过：“长期关注董老师的人，不发财是不可能的”，希望真的是这样。

董　藩　2017.12.9

# ■目　录□

## 第一章　房价：泱泱大国几人懂

房价持续上涨的惯性几乎已成为一种无法挑战的信念，什么时候房价会下跌？世界上有只升不跌的房价曲线吗？如果我们将房价的拐点定义为房价微涨甚至有所回落，那么中国房价是否已经到了拐点？

## 第二章 政策调控能真正解决问题吗？

虽然部分地区阶段性过剩的局面已然出现，但中国房地产高增长的过程还没有结束。政府打压需求、限制供给的做法，很难从根本上扭转房价上涨的问题。租购并举制度的实施确实是一个进步，然而扩大保障房建设和去库存如何完美协调又是一大难题。

## 第三章 新形势下房地产业的发展前景

我认为，迄今为止，人类社会两项最伟大的发明就是货币和房屋。房地产业是国民经济的主导产业、支柱产业和先导产业，它对需求的拉动作用巨大到惊人的地步。然而，近些年房地产问题逐渐被妖魔化，房地产业何去何从？各种相关新政又会引起怎样的行业反应？

## 第四章 再谈国民的财富观

房地产天然就是投资品，买房是合理、合法的投资方式，房地产置业投资者的存在是必要的。他们的投资，既推动了资本市场的发育，解决了无房者的住房难题，也缓解了政府保障性住房建设的压力。

# 第一章

# 房价：泱泱大国几人懂

房价持续上涨的惯性几乎已成为一种无法挑战的信念，什么时候房价会下跌？世界上有只升不跌的房价曲线吗？如果我们将房价的拐点定义为房价微涨甚至有所回落，那么中国房价是否已经到了拐点？

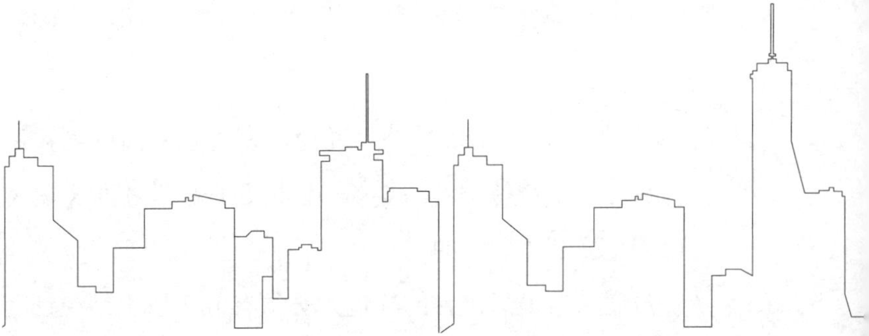

## 房价过高？
### ——一个全民性的错误认识

（2011 年 2 月 23 日）

近日，网易财经《意见中国——网易经济学家访谈录》栏目专访了北京师范大学房地产研究中心主任董藩。他坚持学术中立的立场，却因话题敏感而谤满天下。他对政府调控房价所采取的行政手段直言批评。他常常揭示一些学者对房地产的错误认识，主张手段和目的要一致。他如何看房地产领域的行政干预？

董藩教授以其对房地产的尖锐评论，引起诸多争议。在做客网易财经时，董教授明确地说：“我是一个有争议的人。”但是他并不接受外界说他一直替开发商的利益说话。他认为自己只是秉持学者的立场。恰恰是那些获得很多赞誉的学者的话却是受利益影响的。

对北京市最近出台的外地人必须有五年以上纳税证明才能购房等规定，董藩持反对态度。他说：“中国存在很多不公平的问题，由于户籍而引发的不公平可能是最大的不公平，而且内容是最多的。”“我不是很赞同限购限贷的措施，调控是要搞的，但我们有没有别的方案？能不能在尊重大家的迁徙权、居住权的同时调控供求关系？”

董藩预测，在严厉的行政手段下，房屋租金将暴涨。他说：“这个政策一出来时我就说，2011 年租金将大涨 30%，我在微博上发了一条，你们也推了，很多人留言骂我，他们认为不可能，当然也有人赞同我的观点。这几天租金的上涨情况已经印证了我的观点。”这是因为，限购打击了租房的供给，却又使得租房的需求增多。

董藩反对房产税，认为房产税不合立法程序，也不合法理，并且会影响和谐。他说：“如果是从严肃的学术角度来看，在中国征收房产税，既没有理由，也没有条件，根本没有办法开征。但是如果病急乱投医，很可能往下推，但会扰乱社会秩序，我们已经看到了重庆和上海的方案，方案拿出来之后大家感到更不公平了。”

董藩认为，对中国的房地产市场，不能简单地按照房价收入比、租金售价比、黑灯率等指标来轻率判定是否有泡沫。因为这些指标本身就存在问题。他认为，去除计算方面的问题，中国的房价并不高。房价上涨是正常现象，下跌才是特殊情况。他主张回到供求关系来调控房价。

## 一、户籍歧视与限购是最大的不公平

**网易财经：**最近微博上有个媒体人说，他刚准备好想买房，却发现被限制买房了。您怎么看？

**董藩：**很多外地来京的人都很苦恼，我也接到很多电话和留言。户籍制度是历史形成的，世界上只有几个国家存在户籍制度。所以我们改革中有一个非常重要的任务，就是取消户籍制度，使劳动力能够自由流动。这些年来，随着市场经济的发展，户籍制度受到很大冲击，尽管我们没有彻底废除，但在就业方面它的约束力越来越弱了。最近由于限购限贷一下把这个话题拉了出来，大家仍然感到户籍制度的严重问题，所以抱怨很多。尽管这是中央不得不采取的措施，但大家心理上很难接受。原来抱怨房价高，结果中央一出手，发现房价与自己已经没关系了，所以这段时间可能会成为大家热议的重点。

我不是很赞同限购限贷的措施，调控是要搞的，但我们有没有别的方案？能不能在尊重大家的迁徙权、居住权的同时调控供求关系？这是我们宏观调控要重点研究的问题。

**网易财经：**可不可以这样理解，北京的限购政策出来后，目前我们还不能判断未来北京的房价是往高走还是往低走。

**董藩：**在短期之内几乎可以断定，市场会产生振荡。我自己预测，以北京为例，北京很特殊，政策非常严厉，北京的需求会下降一半，交易量会下降30%左右，或者再多一点，但需求和交易量是两码事，因为很多需求并没有转化成交易，价格的下跌幅度可能没有这么大，比如下跌10%、15%左右，或许有这种可能，还要观察。

当然，我们说会不会下跌10%甚至再多一点，这是从全年来看，而不是指最近几个月，从全年来看很有可能会发生这种大调整，因为后面的供应量也在增加。

**网易财经：**您对未来有什么预判没有，比如取消这种政策？

**董藩：**这还很难给出说法。为什么这么说呢？应该说限购限贷是不符合市场规则的，从经济学界来看，最近的反响和过去有所不同，不管是主张调控的还是主张让市场自动调节的，政策出来后大家的想法都变了，说不能这么调控。

我也感到，并不是不存在限购限贷长期化的可能，原因在哪里呢？在调控达不到目的、找不到正确方案、市场不能稳定的情况下，只要一放松，需求就暴涨，一暴涨，老百姓的抱怨就起来了。现在我们强调建设和谐社会，非常强调社会的安全问题，也强调党和政府怎样更有效地管理社会。

**网易财经：**最近我们发现房屋租赁市场有了价格明显上升的趋势，您怎么看这种趋势？

**董藩：**我是不主张限购限贷的，我认为这个措施破坏了市场经济规律，对市场机制是有伤害的。这个政策一出来时我就说，

2011年租金将大涨30%，我在微博上发了一条，你们也推了，很多人留言骂我，他们认为不可能，当然也有人赞同我的观点。

这几天租金的上涨情况已经印证了我的观点。最近签约的一些租赁合同租金普遍上调了10%左右，因为在限购限贷的情况下，原来的有钱人不能把自己的钱投到市场中再买房子出租，也就意味着出租市场供应量将减少，或者说增长幅度被大大压低。承租市场的需求正常上升，而且，由于限购限贷，原本想买房子自己住的人因为不够五年纳税条件一时间买不成了，被迫转入租赁市场，从这个角度来看，租赁市场反而被进一步推升，需求上升。供应减缓，需求上涨，租金就立刻表现了出来，因为租金就是租赁市场的价格，当供不应求时一定会上涨。

**网易财经：**我们的改革是朝着取消户籍制度的方向发展的，但除了北京的限购，其他很多地方也采取了限购政策，是不是户籍制度改革离改革的初衷越来越远了？

**董藩：**关于改革，这是一个很沉重的话题，我自己有很多想法，我认为现在改革到了深水区，面临进退两难的地步。为什么这么说呢？在改革过程中，再往下改，可能就会牵涉到我们国家基本制度的调整问题，有些可能是我们很难接受的，这样从某些角度来看改革可能是停留在口号上。而且，我们不希望因为改革而引发社会动荡，所以改革往下走可能就比较难，甚至我们在一定意义上看到了国进民退的迹象。

中国存在很多不公平的问题，由于户籍而引发的不公平可能是最大的不公平，而且内容是最多的。我们希望户籍制度不要成为房地产业发展的制约，也希望外地那些渴望到北京、上海等大城市、核心城市发展的年轻人不要因为户籍制度的存在而放缓前进的步伐。

## 二、房产税是违法的

**网易财经**：近期关于房地产调控另外一个比较重大的政策，就是房产税，董老师之前提过房产税是违法的，能不能再简单介绍一下您的思路？

**董藩**：房产税的问题从 2003 年就提出来了，但没有人搞。2006 年国家税务总局说搞过空转实验，我不相信，因为我没有看到任何一个城市拿出所谓空转实验的报告来。这次争论是从 2006 年开始的，随着争论，地方政府、中央政府似乎把它当成一个宏观调控的措施往下推。

为什么说它违法呢？因为我们国家有《立法法》来规范整个立法秩序，《立法法》第八条明确规定，除了《婚姻法》《物权法》等基本法规之外，财政、税收、海关、金融、外贸五个方面的法规要由人大制定，因为牵涉到国家基本经济制度。

当然，后面一条说，如果条件不成熟，人大可以授权国务院，由国务院以暂行条例的形式探索。我们看到了很多法规是以暂行条例行使的，由国务院公布，但那是有授权的。历史上只有过两次授权，第一次是关于工商业的税收可以以国务院的名义颁布条例，再就是企业转制，除此之外再没有过授权。

关于这次的房产税，或者叫物业税，没有授权，所以我们认为从立法条件来讲可能是有一些问题。即使有授权，立法也是相当严肃的事情，当人大授权给了国务院之后，国务院绝不能让重庆或上海去试，这是我们《立法法》所不容许的。

当然，我们还有一系列的问题，从立法法理上来讲通不通？我认为也不通，在中国可能不适合推这项法规。

在中国，房子增值主要来自于土地，但土地仍然是国家的，我们是租赁来的，按照法律规定，70 年后，房子连同土地一块儿收归国家，老百姓根本没有得到这笔财产，这期间还让老百姓交财产税，怎么说得过去呢？法理不通。

**网易财经：**房产税不一定能抑制房价？

**董藩：**它可能会在一段时间内使房价产生振荡，甚至微跌，但房价最终还是会掉头向上。

**网易财经：**刚才您提到，很多老百姓对征收房产税比较支持。您认为他们赞同房产税的观点如果是错的，那错在哪儿呢？

**董藩：**首先，他们错在认为通过实施房产税可以惩罚富人，富人的房子吐出来后就会到穷人的手里，这是错的。

其次，他们觉得通过征税可以使穷人获得补贴，政府的钱多了就会更多地给穷人。我想这个思路也未必对，这就牵涉到我国财政收入和支出有没有很强的约束机制的问题。在过去的经验中我们没看到这一点，不一定税收收入增加，就很快表现在地方开支上给老百姓补贴。

**网易财经：**更重要的可能是房价也降不下来。

**董藩**：振荡振荡还要往上走。

**网易财经**：您认为房产税的试点有可能扩展到全国吗？

**董藩**：如果是从严肃的学术角度来看，在中国征收房产税，既没有理由，也没有条件，根本没有办法开征。但是如果病急乱投医，很可能往下推，但会扰乱社会秩序，我们已经看到了重庆和上海的方案，方案拿出来之后大家感到更不公平了。

比如上海，它也知道征收房产税很难，他们规定过去有的房子都不管了，只对新增加的行为进行征税，也不是存量征收。凭什么过去的就放掉，新增加的就必须征？比如新增的都是年轻人，那年轻人就要倒霉。

税收的制定一定要讲公平，但我认为这两个方案在公平性上都不够高，这样的方案如果仅仅是作为探索，我们可以理解，如果把这样的方案向全国推，肯定会搅得大乱。

**网易财经**：为什么中央出台的一些原则性条款，到了地方反而会出力度比较大的限购措施呢？

**董藩**：这完全正常。北京最近出的政策就比国家的政策更严厉，引起了大家的关注。从 2005 年以来，宏观调控政策中都有一条：行政问责。只不过过去比较轻，流于形式，但后来发现房价仍然在上涨，压力进一步增大，所以中央政府在行政问责这方面加重了处罚力度。比如约谈，约谈制度对地方政府来说是很有压力的，约谈之后如果你还处理不好，房价继续上涨，很有可能会行政处罚，降职、撤职。地方政府当然不希望受到中央政府的批评，被处分，既然如此，那我们就出更重的政策把房价压住吧。

但这个更重的政策就会伤及无辜，有些人认为自己有条件又有理由买房子，但买不成了，所以引发了新的社会矛盾。

## 三、房价并不高

**网易财经：**您认为目前中国的房价高不高，从您的角度来说？

**董藩：**这是一个学术问题，也是一个统计方法的问题，我说过几次，中国的房价不高，真的不高。当然，大家听到这里可能又要骂我，不高的理由在哪里？高不高，一是看价格，一是看购买力。

我们先看价格，在价格统计上，我们有严重的缺陷。首先，从全世界范围来看，只有中国农村房是不算入商品房价格中去的。为什么不算？因为我们的法律这么规定。法律有没有道理？这个法律是没道理的，这是和户籍制度连在一起的，只有中国有两种土地制度、两种房产制度，所以以此为基础我们制订了一系列的法规，和西方完全不接轨。

单位集资建房很多也没有算进去，因为牵涉到部门小集团利益问题。还有大量很便宜的小产权房也没往里算，我们都知道小产权房是违法的，按理说它不应该存在，应该被拆除，但我们拆除不了，因为范围很大，到底有多少我不清楚。历史上的房改房，很便宜，一两万、两三万卖给个人，远远低于市场价格，我们把它当福利品分掉了，没把它算入房价中。还有城中村，城市周边有大量的人在自己的势力范围内盖房子、摞砖头，这些既没算成本价格，也没统计 GDP，没有人要税。所以统计上有五块内容没有体现出来，真要把这五块加到一起算，可能就不高了。如果确实高，就意味着真的是买不起，买不起就意味着没有成交量，然而现在一年能成交 10 万亿，这又该如何解释？这个量太大了，社会商品零售总额 2009 年也只有 12 万亿。

其次，从收入角度来讲，我们的收入也是有问题的，中国的收入是说不清楚的，在工作收入之外有大量的兼职收入、福利收入、财产性收入，这些到底有多少，谁也说不清楚。

**网易财经：**现在很多人判断房价比较高，他们用的方法和手段，比如房价收入比、租金收入比，甚至黑灯率，是不是意味着他们的判断方法是错误的呢？

**董藩：**严重错误。我一直在强调这个问题，但我一张嘴说不过大家，我反而成为错的了。

第一，房价收入比。一个家庭的收入几年能买一套房子？在西方 3—6 年买一套房子是合理的。这是怎么来的？最早是一个香港学者搞的调研，最后他把自己的结论都否定了，因为每个国家房子的条件差别很大，在欧洲表现为很好的别墅，在南亚一些地区可能是窝棚。

而且我还要强调，在中国，我们的国土面积只有 20% 是适合人类生存的，在 20% 的面积上又必须保证 18 亿亩的耕地面积，全世界几乎很难找到人地关系像我们这样紧张的国家，和我们能够相比的就是日本和韩国，它们的房价也很高。所以不能比。

第二，收入也是不能比的。在中国，我们有大量的兼职收入、福利性收入、财产性收入，都是不确定的，而在西方，福利和收入都是透明的，所以不能比。

第三，我们在统计上还有别的毛病。刚才我谈到了，统计房价时农村的房子、小产权房、集资房、城中村自己建房都没往里算，如果算了房价就会大大拉低。

还有很多指标。

还有很多很多理由，美国有美国的国情，中国有中国的背景，拿那个来说事儿，根本就没有道理。

当然还提到了租金售价比。我们的租金很低，过去北京一套房子100万元，一年只能租出一到两万，只有1%—2%，所以房价有泡沫，这是不对的。首先，计算房价时我们扔掉了五块，使房价显得很高，如果把这些都加在一起，房价就会大大降低。其次，被扔掉的五块也影响了租赁市场的价格。小产权房可不可以出租？可以。过去的房改房可不可以出租？可以。单位内部集资建房能不能出租？城中村的房子能不能出租？都能够。这些房子的加入把租赁市场价格大大拉低，但又没有算入买卖市场上，所以得出的数据是完全错误的。

再次，中国的文化和西方完全不同，在中国人这里，能买房子坚决不租，因为租房子意味着无能、懒惰、没面子、没财富，这个文化就导致买卖市场极为发达，大家都往里挤。而租赁市场就剩下了以穷二代和刚毕业大学生为代表的低收入人群。同时，很多人买了房子后要出租，供应很大，所以租售比就较小。当然，还有其他的问题。

黑灯率的问题，我们犯了一个很大的毛病，拿过去的眼光看现在的生活，拿短缺时代的标准评判富裕起来的光怪陆离的都市生活，所以，所有结论都是错的。曾经有领导人说，有一个小区灯很黑，房地产泡沫很严重。不是这样。北京年轻人加班很正常，当你7点过来看灯时，他还在加班，而且很多年轻人不做饭，加完班再吃点儿饭回到住的地方已经是9点了，所以你看到灯是黑的。

所有这些变化，在房地产领域中都有体现，我们要结合变化了的生活看待市场。如果考虑不到这一点，你就会得出错误结论：房地产有泡沫。我们也看到很多大学者，包括从海外回来、身份很高的学者，总认为房地产市场有问题，其实恰恰是没有从社会学的角度观察到经济社会变迁的不同，当考虑到这一切时，我们就要重新评估供给和需求，尽管市场很活跃、交易量很大，但不能简单得出结论，说是有泡沫。

**网易财经：**您刚才也说了，房就是商品，商品房。商品房有个特点，价格可以有涨有跌，但我们看中国的房价一直涨，没有跌，您怎么看这种现象，房价有没有跌的可能呢？

**董藩：**很多老百姓郁闷，所有商品都是有涨有跌，为什么房价一直涨？有人到我的博客留言说：“我不相信有不跌价的房子。”

房地产市场的运行规律和一般商品不同，房价原则上是上涨的，下跌只发生在特殊情况下，比如战争、瘟疫、极端政治事件。回到经济学来讲，价格是由供给和需求共同决定的，房地产的供给和需求是特殊的，它的供应受到严格管制，而需求没有管制，也就是说，供应首先有地域面积的限制，其次有城市规划的限制。再一个，土地出让每年有出让计划，放3 000亩就是3 000亩，想要多了很难。还有就是给你一块地，有建筑红线圈着，不是你想多盖点儿就能往外扩一扩的，建筑内部有容积率、绿化面积等控制，当供给受到管制、价格没有管制时，一般都会上涨。

再一个，房子是没有替代品的。

还有一点我要跟大家强调，需求原则上是只扩大不缩小的，这和一般商品又不一样。房子，我们永远感到少一间。刚毕业时有一室一厅就很高兴了；等要生小孩觉得一室不够，需要两室；慢慢地，我们还会想要休息室、书房等。商业、写字楼、住宅都是这样。

## 四、房地产是计划手段回潮重灾区

**网易财经：**每次调控之后房价都会上涨，所以有人说这是房产商和政府联手来对抗调控，您怎么看这种观点？

**董藩：**似乎不能这么说。我们总是把解读调控的结果政治化、对立化、阴谋化。市场是由供给和需求共同决定的，你可以联手，但没有人非让消费者买，一定还是因为大家想买房，最后形成巨大需求，所以推升了房价。开发商可以说你买吧、买吧，房价会上涨。但消费者听不听啊？地方政府是倾向于卖地的，地方政府在卖地时扩大了供应，反而对抑制房价是有好处的。所以从这个角度来解读是不对的，很多学者也从这个角度解读，我认为这是把房地产问题政治化、道德化的表现。

我们还是回到最基本的供求关系上来，怎样调控供求关系，使房价趋于相对稳定，这是今后工作的核心。

**网易财经：**房产界也有一种人士，比如任志强，他一直是反对各种调控的，您怎么看他的观点？赞同吗？

**董藩：**任志强是不可多得的人才，这个人极端聪明，非常好学，几乎找不到这么勤奋的人。即使把他放到清华、北大，也是顶级的学者，只不过他当年的出身使他没有受过很好的系统教育，就像赵本山一样，从民间起来，但我们不能因为他的出身而否定他的学术贡献和成就。任志强的观点中有 80% 我是赞同的。

**网易财经：**他曾经明确地说过，调控就是计划经济的回潮，您赞同他这种看法吗？

**董藩：**我们过多使用了行政手段，这些行政手段有时候不但没有改善供求关系，反而恶化了供求关系。就像现在的限购限贷政策，完全是严厉的行政措施。但是当取消时我们会发现，所有的需求会在同一时间蹦出来，房价上涨又是不可避免的。所以这些行政措施在这个领域中被滥用，我不认为是好事。

我不是主张什么措施都不能用，使用措施一定要评估它有多大的负效应，如果从未来角度看负效应很大，就千万不能用。需求现在正在浩浩荡荡地爆发，就像洪水暴发一样，洪水来的时候我们要赶快疏通河道，让洪水下去。如果疏通河道不行，我们就得马上堵，加高堤坝，水升高了就再加高堤坝。后面的人就知道为什么要筑这么高的坝。他也不敢取消，只要一取消，水就会大面积泛滥，而且几年都没有好日子过。

有人说限购限贷只是一时的、临时性的措施，我们在文件中也使用了“暂时性的限购限贷”这样的字眼，但我们不知道限购限贷会到什么时候取消。

**网易财经**：可不可以这样理解，房地产是计划经济回潮的重灾区？

**董藩**：可能不如煤炭市场这么严重，但有很强的表现。

**网易财经**：您觉得为什么政府特别喜欢在房地产领域使用一些计划性手段呢？

**董藩**：计划手段和行政手段有它的优点，能够立竿见影，但缺点是对市场的伤害也特别严重。采用这样的手段还有一个不能说的“好处”，就是对某些不廉洁的官员，特别是地方上不廉洁的官员，强化了他们手中的权力，他们可以用手中的权力去寻租。

比如清算的问题，怎样算你定价过高？定价过高我就要清算你，可能就由地方政府某些官员说了算。当他们认为某个企业该受惩罚时，就会找这个企业。企业不想受这个惩罚，可能就会行贿。这时候就麻烦了，扰乱了我们的秩序，所以有些地方官员希望强化调控，可能隐含着一些不太健康的动机。

## 五、我不是人民公敌

**网易财经**：关于房地产方面的问题就全部访谈完了，接下来是关于网友对您个人的看法，非常有意思，也希望您今天通过这个节目给予回应。

**董藩**：我是一个有争议的人，我承认。

**网易财经**：有些网友一直认为您是替开发商说话。

**董藩**：是，说我是替开发商说话，是开发商的走狗，拿了开发商的钱，网上有很多这样的说法。过去看到这些我也很难过、生气，到今天已经习惯了，不在乎了。

我觉得，从中国一路发展的历史来看，所有处在相对中立、相对客观立场的学者都是争议比较大的。因为我们判断一个人是不是替老百姓说话，是不是为人民服务，是不是人民的经济学家、人民的艺术家，习惯于把他道德化或政治化，这本身就偏离了科学对我们的要求。

从学术角度来讲，我不应该站在任何一方去说话，这绝不是踩跷跷板，要么站到开发商的一边，要么站到老百姓的一边。我要站到一个球体上，可以倒向任何一方，但又不能倒向任何一方，因为我既要考虑老百姓的愿望，又要尊重经济规律；既要考虑政府的能力，又要考虑可持续发展的要求；既要考虑城市老百姓的愿望，又要考虑农民的诉求。

尽管过去有一些评价，说中国只有几个能称得上经济学家的人。但我心目中也有自己的评判标准，我认为有些经济学家是非常优秀的，尽管他们的观点不一定都对。学界对他们的一些观点也存在很多不同的看法，但从态度、出发点上，我认为他们都是非常值得尊重的。

老一代经济学家，像吴敬琏先生、厉以宁先生，基本能摆脱利益的影响。但确实有一些人摆脱不了，摆脱不了利益影响的其实不是像我这样的人，而是另外一些获得了很高声誉的人。

**网易财经**：还有一个问题网友比较感兴趣，您和任志强一样遭受了很多辱骂，在受到这些批评时您是什么样的心情？能不能跟大家分享一下？

**董藩**：在地产界有两个公认的所谓“人民公敌”，一个是我，一个是任志强。当我第一次看到这个名头时，压力还是很大的，我也曾专门写过一篇文章，表达我对这个问题的看法，博客里也有，叫《我怎么就成了人民公敌》，讲我是怎么看待这个市场的。

有争议非常正常，如果没有争议，学术就不会繁荣。很多人讲西方经济学发展的历程，就是在争论中推动了学科的发展。但在中国，由于房地产被彻底地政治化、道德化、娱乐化、社会化、妖魔化、暴力化，所以争论就格外大。最近我很少说话，一说话往往就会挨骂，有时候又不得不说话。第一，有关部门会找我们说话。第二，媒体希望我们评价评价。第三，当我们发现有些政策不合适时，我们也很着急，希望出来呼吁，至少传达一个观点，警惕这些政策的负效应，或者是它带来的不好结果。

**网易财经**：很多网友之前骂任志强，后来发现骂错了，您有没有遇到过这样的网友，之前骂您，后来对您的一些观点非常支持？

**董藩**：当然也遇到过，而且有些人曾经给我发信表示道歉。但在网上，任志强的知名度远远比我高，“粉丝”比我也多，所以在他那里表现得可能更明显。而我跟他有所不同，他是企业界人士，端着自己的饭碗，我是高校的，端的是公家的饭碗。当我被骂得多时，可能会给我的学校、我的同事带来压力，所以我说得远远比他少，我写得也远远比他少，但我们有 80% 左右的观点是契合的，站在市场的角度来讲，基本是一致的。

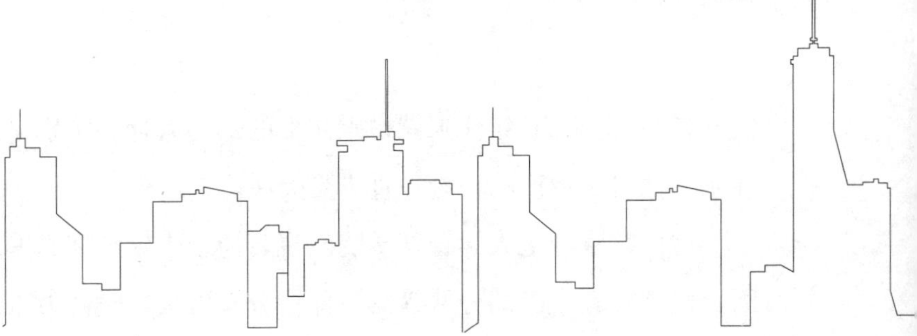

## ■ 世界上有只升不跌的房价曲线吗？

（2016 年 11 月 1 日）

经过反复预约，我们今天终于和正在澳大利亚考察的董藩教授通过微信聊了聊。

只要你关注房地产，总会多多少少听到过董藩的言论。其他领域的很多人第一次听说董藩这个名字是在 2011 年，当时他对学生说，“当你 40 岁时，没有 4 000 万元身价不要来见我”，旋即引发全世界的热议，不仅中国各类媒体出现了上万篇评论，《洛杉矶时报》《纽约时报》《福布斯》杂志等外国重要媒体也都给予了高度关注。其实他自 20 世纪 80 年代末就是媒体上的热门人物，特别是最近十几年，他对房地产的言论一直广受关注。

这位北京师范大学管理学院教授、博士生导师在微博上很活跃，经常推荐自己的分答答案。他在分答上被超过两万人（2017 年 2 月 9 日 11 点 17 分的数字是 170869——编者）收听，一个问题定价 1 000 元也不断有人提问，每个答案都会被成百上千人偷听，最多一条达到七八千人偷听。

以下就是我们与董藩教授的交谈内容。

**分答：**世界上有只升不跌的房价曲线吗？您认为什么现象或指标出现的时候，房价就有了下跌的苗头？

**董藩：**关于房价是不是只升不跌的问题，最正确的表述应该是：房价原则上是上涨的，上涨是规律，下跌是意外；上涨是常态，下跌只发生在特殊情况下。

哪些特殊情况呢？一是战争，战争可能导致很多人迁移，躲避战乱，造成某些地方房价下跌；二是瘟疫，发生大面积瘟疫时，很多人死了，房子还在那里，这时候房价可能会下跌；三是连续的地震，地震导致很多人迁移，剩下的房子也没人要了，房价自然会下跌；四是大的税制改革，税制改革会导致重新定价，房价有可能是下跌的；五是经济危机，危机时跌价很正常；六是特殊的政治事件出现，导致房价下跌；七是严厉而错误的宏观调控，导致市场大波动，房价下跌。

还有一种特殊情况，就是在全国房价普遍上涨或平稳背景下有些地方下跌。例如，中国的人口，过去是通过行政手段配置的，也就是通过户籍管理制度，确定谁家在哪里、不在哪里，想流动也流动不了。现在，户籍制度在放松，所以人口正在由农村拥向城市，由小城镇拥向大、中城市，由偏僻地区、落后地区、资源枯竭型城市、缺水的地方、找不到工作的地方、气候不好的地方、封闭落后的地方，拥向那些繁华的大都市、核心城市，水资源丰富、便于生存、找工作方便、更加开放、更有利于长见识的地方。所以那些人口离开的区域，房价可能就会平稳甚至是下跌；而人口拥入的区域，房价会继续上涨。

房价为什么长期上涨，从经济学上是能给出合理解释的。

第一点就是供给和需求弹性的问题。供应的弹性小，需求的弹性大，所以通常价格要往上走。这里面要阐述的话很麻烦，它涉及一个经济学的思维和对房地产业的熟悉程度问题。

第二点就是房地产的需求原则上是扩大的。有一间想两间，有两间想三间，有三间想四间，有一个厅想两个厅，从小的厅到希望有大的厅，从没有健身房到希望有健身房甚至有茶室，到一定地步还希望有两套房、三套房，有学区房、度假房、养老房等，所以这种需求原则上是上涨的。

房地产这种产品，它原则上没有替代品的，这就导致它的需求是不能转移的，不能转移的话最终就要释放出来，所以，价格长期看涨的趋势很难改变。

**分答：**有个朋友说用北京一套房的首付都能周游世界了，而且他真的几乎走遍了世界，现在35岁，在北京租房住，还挺开心。

如果您有小孩，希望他拿钱付首付还是周游世界？

**董藩：**确实是这样，北京的房价很高，他若不买房子，用交首付的钱可以周游世界。

而买了房子的人，赚的一般远超越首付部分，将来全家周游世界可能都绰绰有余，而不是一个人周游世界。

全世界没有一个没有房子的人，最后过得是很幸福的。即使他收入高，租房可以应付，但是他也面临另外一些评价，比如说某人没有房子，在中国这个文化背景下他就显得或者会被别人认为无能、懒惰、没财富、生活不稳定，事实上由于各种条件他也经常被业主驱赶。

曾有一个年轻人给我留言说，他是希望有房子的，他不希望他跟女朋友正在亲热的时候，业主来砸门、催房租。所以，有房和没房，生活质量是完全不一样的，甚至导致两种相反的心态。更重要的是，房地产这种产品它是个投资品，它会带来更多回报。不要以为买了房以后你的钱就被别人抢走了、拿走了，你是把这种货币资金变成了一个实物资产，而且这个实物资产增值的能力，远远强于它处于货币资金状态时。

所以，从这个角度来讲，不买房的人自以为很聪明，其实都是傻瓜。

全世界的富人都有一个稳定的家，除非临时去另外一个地方工作，才可能在附近租个房子。你见过富人到处流浪、被业主驱赶吗？不买房的人怎么可能比买房的人幸福呢？这不仅仅是中国一个国家的观念问题，全世界共同的一个生活原则都是有房才有稳定的家。

有人说我把这钱用来读书，提升自己。有个网友就曾留言：“没房，你书放在哪里呢？诗和远方，那都是在丰衣足食、有房有家、生活条件很好的情况下才可能谈论的事情，那些生活困难、漂泊不定的人，即使能写出最美的诗，也会被人同情，甚至被人嘲笑，没有被尊重，哪里有尊严和成就感？每天住在桥洞里，哪有诗？远方还美么吗”

所以，我一直认为，中国的财富观有问题，中国对待房地产的态度也有问题。如果在财力允许的情况下，就应该积极对待，努力买房子，这样的话，家庭稳定下来，事业也会稳步地推进，而不是相反。很多人宣扬另外的一些东西，看起来很有道德，其实是害了大家。什么是市场经济？市场经济就是钱的经济？谈市场经济不要带着道德这种眼光，谈房地产也不要用一些道德标准去评判——必须客观、公正、科学地去对待这种投资方式。

当然我不是说买不起房子也要硬买，这是错误的。我只是说，只要买得起，就应该努力，这样生活才会更加美好。

**分答：**您为什么来分答？

**董藩：**富豪们都是靠投资赚钱、靠经营赚钱的，而老百姓则靠劳动力赚钱。倘若老百姓买了房，从买房开始，就有一种投资品，这种投资品可以增值，这样的话就可以往前赶、往前追，甚至房子买得对、买得好，可以往前追十年。

分答平台可以很好地帮助我传播信息，帮助普通老百姓——一些房地产的基本知识、一些正确的财富理念、一种对待房地产对待财富的科学态度，都可以借助这个平台传播出去，让更多人能够提升自己的投资能力，改善自己的财富状况，这对缩小普通人和富豪之间的财富差距，是有帮助的。

**分答：**您在微博和分答上很活跃，也时常在外培训、讲学，还有多少精力花在教学和科研上呢？

**董藩：**房地产是个应用性极强的学科，必须大量接触实践、了解实践——既要了解开发商，又要了解买房者，就是供给和需求双方你都要了解，才能很好地研究这个市场。除此之外，在中国这个特殊体制下，我们还必须很好地了解和研究政府，了解政府的规划、政策主张，不同领导人之间的决策倾向等，这些都要耗费大量的精力，否则怎么对行业评判、怎么对市场预测？并不是说坐在书房里，或者说翻书本，就能把这些问题都给解决了。

我研究这个行业，就必须去做这些事情。微博也好，分答也好，微信公众号也好，很多人的留言、提问、回复、评论，都是我观察社会、了解社会的渠道，是我准确掌握房地产市场信息，特别是各方面意见的重要窗口。

而且我也通过这样的方式，观察那些申请来读书的人，谁具有真正的科学思维，谁前期基础比较好。在网上是没有什么掩饰的，所以有可能我获取的某些信息更真实、准确。

我看书和研究，当然需要很多时间，这些时间不仅仅是大家看到的我在微博上、分答上的时间，还有其他时间。比如说我在飞机上、出租车上、火车上，都会读书，或者跟某一学者进行交流，等等。

自媒体给传统的读书方式带来了挑战，像过去那种把自己关在房间里去读书的形式，已经远远不适合今天的要求了。任何一个人远离不断发展的社会大舞台，都会被实践抛弃，他说出的话都会很可笑。我们要把成才的课桌安放在不断变革的社会大舞台上，而不是再放在实验室，或者教室、图书馆里了。

**分答：**很多教授似乎羞于谈钱，但您明显没有这个顾虑，为什么？

**董藩：**我这个专业是必须谈钱的，因为我们是搞房地产的。我们研究的是投资规模、效益、回报，哪个不是用金钱来衡量的？在我的课堂上，肯定要谈钱，时时刻刻要谈钱。如果我在课堂上只谈道德，那就成教学事故了。

在西方，富人为什么受到尊重？因为富人曾经创造了财富和就业机会，给政府创造了税收，政府又拿着税收补贴了穷人，帮助了大家。所以富人一定受到尊重。

但我们国家则不同，总会去说“原罪”等，这是整个社会心态的问题。我们需要营造一个富不傲穷、贫不妒富，政府体谅百姓、百姓理解政府的社会。

有人觉得我讲话难听，或者是替某个利益群体说话，他们总希望我闭嘴。这种认识是错误的，其实我的话是公共产品，并不是谁出了钱我才这样说的。前几天在北大和清华我一天讲了两场，每场演讲我都说：其实这么多年来，我根本不是替开发商说话，而是替市场机制说话。在中国，房地产太受关注，而搞这方面研究的人不多，我算是带头人之一，所以，一旦到了大是大非的关口，我想求清静也不容易。

## ■ 房价下跌不利于中国经济

（2012年6月6日）

网易财经《意见中国——网易经济学家访谈录》栏目近日专访了北京师范大学房地产研究中心主任董藩。他真诚地表达了一些观点，尽管这些观点饱受争议，但他相信真理会站在他这一边。他主张学者的良心要建立在专业的态度上。那么，他是如何看房地产的调控松动呢？

第一，董藩认为，对地方政府放松调控的指责并不合理。因为地方政府有财政压力，所以必然松动。“让政府生存下去，这毫无疑问比控制房价上涨更重要。”同时，他提出各地房价是各地竞争力的体现。“一般说来，我们发现，一个城市竞争力越强，它的城市功能越强大，房价就越高。”此外，他认为政府基于财税理由，是不会认可小产权房的。

第二，董藩认为，房地产调控走错了路，老百姓并没有更容易买房。支持调控的老百姓缺乏专业知识，不知道房价大跌受损最大的是工薪阶层。房价只能稳，不能跌。

第三，董藩认为开征房产税的很多条件并不具备，其中最重要的是土地没有私有化，因此可能会遭到全面拒交。而且房产税既不公平，也缺乏可执行性。政府说开征房产税，只是吓唬大家，并把吓唬当成了一种调控。“我们发现，房产税很难搞，但是经常呼唤一下也好，为啥？吓唬大家，吓唬演化成什么？宏观调控的手段。”

第四，董藩反对房屋限购，认为限购干预契约，违背宪法精神。限购出台容易，但想取消却很难，于是只能长期化，时紧时松。

第五，董藩主张学者的良心在于尊重专业，不偏不倚。他认为很多学者迎合官员和大众，有良心的学者很少。

以下为访谈实录。

## 一、房价调控无法维持，只能松动

**网易财经：**董老师您好，您最近在微博上说可以买房了，您说出这话的依据是什么呢？

**董藩：**我主要是根据政策和市场的变化做了这样一个判断。大家知道，在此前政府一直在提“毫不动摇地调控房地产市场，坚定不移地压价”，但是最近的语气大大缓和，虽然也还是提房地产宏观调控问题，但是都放到了相对不重要的位置上，为什么呢？因为最近经济增长和地方的财政收入都受到了极大的威胁。中央政府已经到地方调研，发现问题确实比较严重，这样的话，保增长的问题可能就更突出了。于是在政策上没有过去那么严格了，尽管不直接松动房地产业，但是会间接影响到房地产的发展，至少在信心上大家会有所转变。

另外，有一些大的集团公司通过其他行业融资后间接地为房地产行业使用，所以公司的财务状况得到了缓解。压力减轻之后，它们不一定按照过去的那种折扣继续卖房子了。

还有一点，我们注意到地方政府有一些变相的救市措施，在这个过程当中没有被中央政府叫停。这意味着什么？在积压了大量需求的情况下，你必须确保能买到某一个楼盘，这样的话未来几年你上班的成本、上学的成本，交通和时间两个方面都会大大减少，所以如果出手慢的话，可能就被别人抢走了。

当然了，这不是说你买完房子之后还会像2009年春天那样暴涨，因为毕竟国家层面限购政策现在没有立刻取消。

**网易财经：**您刚才提到政府的表态有了变化，我们这里也有一个资料，在4月13日，强调的是“巩固房地产市场调控的成果”，但是5月30日又提出“要稳定和严格实施房地产调控政策”，这个稳定意味着什么？

**董藩：**稳定就意味着这个政策不会再变化了，至少不会向更严厉的方向去演化了。

**网易财经：**那是不是可以解读为最严厉的房地产调控政策已经过去了？

**董藩：**政策的底部早就出现了。当去年1月份出现了今天正在实行的严厉的宏观调控政策的时候，我们就知道那是底部了，不可能再出严厉政策了，而且这个政策实施一段时间之后，对中国经济会产生一些致命的影响。毕竟整个国民经济对房地产业的依赖度是非常高的，我们承认也好，不承认也好，它是主导产业，是支柱产业，同时还是先导产业。在保增长的情况之下，肯定还是要发展房地产市场，只不过在这个过程当中，政府生怕出现过度的反弹，带来更大的舆论压力，所以它必须拿捏好分寸。

**网易财经：**现在我们看到一些地方政府的调控是这样的：有40个城市做出了房地产政策的微调，其中有十个城市是通过改变住房公积金，就是叫作充值住房公积金的方式进行微调；还有的城市是通过放松限购进行微调，但都被叫停了。这个可不可以说中央调控房地产政策的方向是释放刚需？

**董藩：**我们会看到，越来越多的城市放松对市场的调控，当然了，它们只是在地方政府有限的权限范围内。为什么这么多城市动用了公积金这个措施？因为公积金是掌握在地方政府手中的，动用这个政策地方政府自己说了算。让政府生存下去，这毫无疑问比控制房价上涨更重要。

在地方财政收入急剧下滑的情况下，地方的财力受到了很大的威胁，地方的一些公共开支没有办法维系，人员工资可能都受到威胁，这种情况之下，毫无疑问必须让房地产市场恢复交易。当然，让大家再参加到交易活动当中来，必须有一些政策，给大家一些优惠，所以我们看到地方政府在动脑筋、想办法。

你所说的叫停是前一段时间，如果最近采取一点措施，它也未必会被叫停。

我到一些地方去调研，营业税下滑了60%，大家想象一下，这样下去，再过半年会是什么结果？

**网易财经：**我这里还有一个资料，是一个政策部门的人士对于稳定的看法。他说其实中央现在调控房地产政策的思路，应该是希望有一个三全其美的办法，就是既能降低房价，又能促成成交量，另外也能拉动投资增长，您认为有这种三全其美的方式吗？

**董藩：**这种说法太美好，但是不现实，没有办法做到这一点。

## 二、高房价体现高竞争力

**网易财经：**媒体舆论喜欢指责地方政府没有严格执行中央的调控政策，在您看来，地方政府没有严格执行这个调控政策是好事还是坏事呢？

**董藩：**地方政府就像儿媳妇，中央政府则像婆婆。对于当家的儿媳妇，婆婆高高在上，指手画脚，但是婆婆可能不管钱了，所以她就不知道儿媳妇有多难。一个外来的人看儿媳妇不听婆婆的指挥，对她进行一些评论也很正常。为什么媒体喜欢评论这个？因为媒体现在的从业者主要是年轻人，他们更盼望房价下跌，最好是送给他们一套房子。所以中央政府没有提房地产政策明显转向，而地方政府开始自救的时候，首先媒体是不干的。

扬州也好，或者说广东的某个市也好，它们在救市的时候我们看到了媒体激烈的反应，甚至有些政策应该说在媒体的炒作之下被迫终止了。地方政府为什么不听中央的？是因为它也受不了了。GDP 下滑速度太快，地方财政收入下滑太快，开不了工资，公务员要上街、要闹事肯定不行，所以松动也就成为必然。

**网易财经**：今天看到您发的一条微博说城市房价和地方竞争力的关系，您说城市的价值越高，竞争力越强，那它的房价就应该是越高的。想请您在这里详细地解释一下。

**董藩**：房地产价格是很多因素综合作用的反映。一般说来，我们发现一个城市竞争力越强，它的城市功能越强大，房价就越高。看一看全世界房价最高的地方，像纽约、东京、香港这样的地方，房价都七八万、八九万甚至更高。这些地方为什么房价高？其实是城市的功能都非常强大，都是全世界最重要的核心城市、金融中心、贸易中心等。像北京、上海、深圳这样的城市，在中国毫无疑问城市功能是最强大的，经济上是极强的增长点、是龙头，教育、医疗、科技，都是非常强的，福利搞得也非常好，产业的形态比较高级，比如第三产业占的比重比较大，就业机会比较多，产业创造的财富量大，分配的时候收入也偏高，所以我们看到无数的人拥向北京、上海、深圳这样的城市，这么多人进来，对房子的需求肯定就旺。

为什么要讲这一条？我就是告诉大家，一定要正确对待房价，北京、上海、深圳、杭州这样的城市，房价不可能降到三、四线城市的水平。每个人正确对待房价，正确对待这个城市，也使我们的政府能够在相对理性而不是在很多舆论刺激之下去制定政策，政策也会更科学、更理性。

**网易财经：**我们看到最近深圳土地制度进行了一些改革，有学者就期待深圳对小产权房进行确权，结果深圳政府否认了小产权房确权。另外就是2005年前广州一直在试图推动宅基地入市，2005年宏观调控之后就没有再提了，为什么地方的小产权房改革一直没有能够得到推进呢？

**董藩：**这个其实是有深刻的社会背景的。小产权房这个问题是合理的，但是按我们国家现行法律规定来讲它不合法，理和法就发生了冲突，所以它们在这里较劲。民间不断地产生小产权房。为什么？便宜。而拥有土地的一方，也就是集体单位，比如村委会或者乡镇政府，它们又不愿意把土地白白让国家或上级政府给征走，因为它们得到的很少，所以它们愿意盖房子卖。有人想买小产权房，有人想开发、想卖，但是政府要叫停他们。为什么呢？是因为我们国家现行的财税制度就是这样的。

如果能够允许农地直接跟开发市场对接，地方政府就没有地卖了，没有地卖它们就得饿死。为什么呢？我们看看地方财政收入状况，现在平均50%的地方财政收入来自卖地，这还不包括开发、交易，只是卖地。有这样两个数字：去年卖地收入，尽管在严厉打压的情况下，仍然占地方财政收入的60.11%。我亲自算了一遍，前年是72.38%。

当然了，对于已经产生的很多小产权房，我们现在处理它很难。为什么？我打过一个比方，这个孩子是超生的，是违反计划生育法规的，但是已经生出来了，你能把他扔到井里吗？不可能的。所以，政府现在的做法是什么？没法儿管，口上说我们要坚决治理，但实际是没有办法采取行动的，因为已经卖给了老百姓了，如果强行把它推倒，毫无疑问会产生激烈的冲突，甚至可能要死人的，所以没有地方政府敢做这个事情。中央政府也不敢下令把小产权房全部拆掉，而且也拆不掉。但是又不敢说让合法化。如果让存量合法化，那意味着什么？有人就会受到鼓舞，继续开发，所以这是个两难的问题。

**网易财经**：您认为经济对于房地产市场过度依赖是好的还是非常有弊端的？

**董藩**：我们不要简单地用好和坏来衡量，形成今天这个格局一定有它的道理。为什么呢？房地产这些年火爆，发展规模比较大，有客观原因。最基本的客观原因就是我们过去几十年几乎没有开发房子。所以到了1998年之后，借着那次金融危机救市，我们让房地产业充当了支柱产业，启动需求，拉动经济增长。这就好像我们连续两天没吃饭，或者说连续两天没有吃饱，突然饭来了，允许我们随便吃了，这种情况下吃得多很正常，如果还吃得很少，反而不正常。

再加上在这个过程当中我们大规模的城市化过程开始了，人口不断增长，产生了巨大的需求。还有一个原因是家庭在裂变，过去老少三代六七口人的大家庭，现在基本拆成了两口人、三口人的小家庭。原来的房子不够了，需要增加一套或两套房子。所以即便人口不增长，也产生了大量的需求。

还有一个非常重要的方面，就是生活方式发生了大的变化。离婚的跟过去相比大大增加了，离婚后不能住在一起，于是产生了新的需求。此外，还有一些大龄青年虽然没结婚，但也想买一套房子，这也是一方面的需求。

所以我一直强调，大家要客观地、理性地、正确地对待市场，我也希望一些大学问家不要去迎合一些舆论，而要引导舆论正确对待市场。

## 三、房价大跌大家都倒霉

**网易财经：**我们刚才一直谈到，政府一旦调控房地产的话，房价反而会越涨越高，为什么现在大家还不断呼吁政府应该调控房价呢？为什么还不吸取之前的教训呢？

**董藩：**我们以往的调控，很长时间内思路上是错的。我们去惩罚开发商，而不是鼓励开发商多建造房子，导致了市场的供求关系进一步紧张，所以越调控房价越涨，以至于老百姓都不信任政府了。

你们已经看到，北京这五个月来没有几块住宅地成交，这意味着什么？这样下去半年、一年，新的供应量就跟不上了。而国土资源部门在讲什么？说我们放出去多少地，盖完了之后能卖多少年。这个数字是有问题的，他们放出去的地当中有很多不具备开发条件，比如拆迁的问题，比如大的配套不具备开发的条件，水、电都没有拉到这个地方来，所以真正能开发的很少。而在卖不动房子的情况下开发商又不敢开发，这样的话会进一步加剧市场的振荡。

老百姓还盼着政府再打压，有这几个问题：第一，老百姓对这个行业是没有很科学、很理性的认识的，没有专业知识的。他们按照对普通商品的理解来理解房地产，本身就是错的。第二，老百姓源于对政府的信任希望打压能有效果。但我们发现，凡是政府插手最多的时候，往往过多少年之后去检查，发现都是错的时候，所以我们回过头来要说，调控是必需的，但是这绝不是要否定市场，一定要尊重市场，让市场自动地去发挥作用。

如果我们希望饭店价格便宜，服务质量好，我们就要鼓励多开饭店，或者说不限制开饭店，用不了多久就会出现这个结果。但是如果打压它，不让大家开饭店，我相信饭店的价格一定是高的，饭菜的质量也一定是差的。

**网易财经：**在您看来，什么样的房价下跌才能让普通人真正得到好处呢？

**董藩：**不存在这个问题。我不认为房价下跌普通人能得到好处。

我们没有看到全世界哪个国家房价下跌的时候，老百姓欢欣鼓舞。房价下跌是满盘皆输：中央政府经济增长无法达标了；地方政府税收上不来，没法儿运转了；税务部门收不上税了；银行部门资产出问题了、贷款收不回来了；90% 以上的老百姓家里的房产，财富缩水了，还不起贷款了，面临着破产了，还能有好处吗？没有好处。所以全世界都在对抗经济衰退，对抗房价下跌。房价能涨能稳不能跌，只要一跌就出事。

说这个话，没有房的人会骂我，会很不高兴，但这是规律。我还要告诉大家，当房价下跌的时候，最倒霉的人是买不起房的人。为什么？他们处在底端，靠租房子生活。在严厉打压房价的情况下，最近这一年来租金猛涨。2010 年我就说，这么调控，租金上涨 30% 毫无悬念，你去查 2010 年的数据，做一个调查，房租一定涨了 30%。所以不要以为打压房价的时候，没有房子的人是占便宜的。

而且打压房价的时候，政府收入下降，也没有钱搞保障了。

**网易财经：**这里还有一个资料，是关于中国住房自有率的数据。一些机构发布的数据，引起了网友的争议，比如西南财经大学中国家庭金融调查与研究中心发布的数据是 89.68%。您认为这个数据和网友感受之间的差距是什么因素造成的呢？

**董藩：**因为表达意见的网友和数据发布机构调查的人是不吻合的。为什么这么说呢？数据发布机构在做这个调研的时候会研究怎么样使这个调查更科学，所以他们对不同收入阶层、不同人群、不同年龄段都有充分的考虑，我相信这个数据更接近于事实。我们过去说 86% 以上，因为这个数字很难精确，每年都有很多新开发的房子卖给老百姓，又有一些旧房子被拆掉，这个数字是动态的，但是肯定是不低于 86% 的。我过去曾经提过这个数字，被国家统计局一个局长批评了，我们俩也产生了所谓的讨论或者争吵，事实上他说的那个根本就不对，他更多地去迎合了网友的说法，说很多人没有房子。

网友为什么都在抱怨呢？因为网友大部分为年轻人，有些网友有房子，他可能不去留言，而没有房子的人对这个数字很敏感，很受刺激。

## 四、房产税就是吓唬人

**网易财经：**最近我们听到一些呼声，就是希望房产税尽快出台，然后能够代替目前一直在执行的房产限购政策，您认为这个政策有可能执行吗？

**董藩：**房产税这个问题由来已久了，最早我们叫物业税，2003 年中央的文件当中就提出了房产税，但是直到今天仍然没有实施。我曾经写过一篇文章《住宅物业税，十年出不来》，到今天我也认为我们没有办法去搞这个房产税。中央政府似乎在探索，通过实施房产税，把限购政策替代了，现在来看不可能，为什么呢？告诉大家，实施这个房产税第一个理论条件是什么？是土地要私有化。我们已经交了 70 年的土地租金，我们租了公有的土地在上面盖了房子，我们自己住，再征我们的房产税，就等于重复征收，这是个理论问题，我不去详细讲它。不过，已经交了土地出让金，再交房产税，这是剥夺大家的财产权。

而且，按照现在的法律规定，40 年、70 年之后，土地收归国家，连上面的房子也会一块收走，我们交了这么多年税，但是我们并没有拥有这个财产，这是不对的。凡是搞房产税的国家都是土地私有化的，所以在法理上中国搞房产税是行不通的，因为毕竟土地不是私有的。

第二个是什么？我们要搞房产税，一个大的前提是什么？就是我们要理顺所有房产关系，知道每一套房子在谁手里，这就产生了一系列的问题。首先要跟反腐败斗争结合在一起，只有反腐败斗争取得了彻底的胜利，我们知道每个人手里到底有多少套房子，再去研究这个房子是该没收还是合法收入买的、可以征税，然后这个政策才能实施。而反腐败斗争这个事情是很难的，当然要做，但是需要时间。

还有一个问题，我们现在发现很多地方政府 2005 年或者 2006 年以来，才将房地产的产权产籍信息管理系统建立起来，2005 年或者 2006 年以前的房子在这个系统当中没有体现，你怎么去征？要把那些房子整个搞明白，也是需要时间的。

还有一个大的前提就是老百姓愿意交这种税。在西方国家，他是愿意交的，为什么？因为西方搞得很清楚，你交了这种税，这种税是地税，直接用到你居住的社区，或者修社区医院，或者修小学，或者提高教学质量，等于集资改善了地方的公共设施和福利，但是在中国，这个钱是被政府拿了，用到哪里我们都不知道，老百姓会对抗的。

最关键的一点，征这种税和征个人所得税不一样，个人所得税是从源头上代扣了，单位在给我们发钱的时候就把这笔税扣掉了，如果个人所得税也是先给我们，再让我们自己去税务局交，我相信没有几个人会愿意去交的。现在房产税就面临这样一个问题，房产已经在我们的手中，政府评估完了说你该交税，让你今天去交 3 万元，你去交吗？我想应该没人愿意去交。

为什么？因为这种税数额巨大，它不是三五元钱，大家都觉得有压力，不愿去交，你也不交，我也不交。想一想，在很多小区，物业公司给业主服务却连物业费都收不上来，何况这么大额的税呢？没有办法。

还有很多前提都决定了房产税在中国搞不了。

另外，没有操作思路，怎么来征？如果按照物业的价值征，我们会发现在大城市，比如北京，有一套 20 世纪 60 年代的房子，60 平方米，现在价值可能三四百万元，征 1% 也要三四万元。但是这个老房子住的是谁？可能是底端的家庭，可能 60 平方米住着五口人，还有两个下岗的，可能只有一个人上班，一个月挣 2 000 元，你能征上来吗？你征不上来。

**网易财经**：但是我们看到在重庆和上海现在已经开始试行房产税了，还看到一个政策说今年在北京也要推广。

**董藩**：的确一直有这个呼声，我们发现，房产税很难搞，但是经常呼唤一下也好。我还告诉你，重庆也好，上海也好，它们搞的不叫房产税。房产税是什么？不管你交易不交易，每年都要交，是对存量资产的价值额征收的。但是你看看重庆和上海怎么搞的？都不是这么回事。我不去评价它们的模式，我告诉大家，这两种模式都不叫房产税，跟房产税本来的含义基本上没关系。

## 五、限购开始容易取消难

**网易财经**：另外一个政策，就是限购政策，这个政策目前已经将很多刚性需求阻挡在购房的队伍之外了，您认为限购政策什么时候能够放开？大家非常关心。

**董藩**：你说得非常对。你想改善，那叫不叫刚性啊？你们家里五口人，40平方米里住着，拥挤不堪，你想买第二套，其实这也是蛮刚性的吧？另外，父母必须来你这里养老，但是你干着急就是买不成第二套，你说这个需求是刚性不？所以限购这个政策我们不主张，因为从道理上来讲，首先，限购政策是对我们自由交易权的制约；其次，市场经济中，房子是商品，开发商愿意卖，我作为消费者愿意买，没有欺诈行为，一签合同成交，皆大欢喜。但是现在限购就不让你成交，为什么？说你名下已经有几套了，不能再买了。什么意思？你名下没有才可以买。好比你到商场里买衣服，不行，你穿衣服来的，你得脱光了来，然后我们还要派人到你们家翻箱倒柜，发现你确实没有衣服，才能卖给你。

请神容易送神难，这个政策原本不该有，但是搞出来之后，麻烦就来了，就像户籍制度历史上不该有，但是后来我们搞了户籍制度，实行城乡隔离，到今天不敢取消。

限购政策可能松动，但是不会立刻取消。为什么？担心房价暴涨。只要一暴涨，这根绳还在我手里，我没扔掉，我就可以继续拽，拽一拽，紧一紧，政府就想起到这样的作用。所以限购限贷政策很有可能长期化，只不过不是这种严厉程度的长期化，而是有所松动的长期化。

**网易财经**：我们看到一个新闻，说是在北京下半年有可能放开工作居住证办理，据说是要放开十万个工作居住证。

**董藩**：可以买房子？

**网易财经**：对，凭着这个工作居住证就是可以买房子，这可能也是松动限购政策的一个办法。

**董藩**：对，这就是我说的，地方要采取措施自救。

## 六、有良心的经济学者很少

**网易财经**：我们知道您的很多言论引起了广泛的争议，甚至是辱骂，但是另一方面我们又看到很多经济学家说一些反市场的话，确实非常对老百姓的胃口，您是怎么看这些经济学家的呢？您觉得经济学家的良心应该怎么样评价呢？

**董藩**：我们总是试图去评价经济学家的良心。我觉得对一个经济学家来讲，重要的是什么？重要的是他言论的科学性和客观性，是否尊重事实，是否尊重经济规律。在房地产这个问题上，我们发现，房地产业已经被彻底地政治化、道德化、娱乐化、社会化，这个行业的一些问题甚至被妖魔化和暴力化了。在政治化、道德化的情况下，没有人说实话，说实话可能就意味着要挨骂，说实话就有人质问你“屁股坐到哪里去了”“是否拿了开发商的钱”。每天都有人给我留言“你拿了开发商多少钱？开发商是不是又扔给你一个什么骨头？”这种话，一开始我看了还很生气，现在习惯了，也无所谓了，因为社会上总是存在这种人。

曾经有两个很有影响的人，都可以称经济学家，其中有一个人的影响应该说不比我弱。我问他，你说要征房产税，我问你几个问题，你如果能回答得了，我就认可它能够征，回答不了就证明你说得不科学。结果三个问题他一个也回答不了。但是他换一个场合还这么说。所以我希望学者的观点不要刻意地去迎合决策者。我们要帮助政府去科学决策。我希望更多的学者尊重经济规律，尊重科学，尊重客观事实，而不是去迎合一些人，让那些人说你好，这就算有良心。

**网易财经**：您认为经济学家的良心和知识之间是一种什么样的关系呢？

**董藩**：良心的问题，是伦理道德层面的，我不够权威，可能回答不了。回到我刚才说的话，我就希望这个人是尊重经济规律、尊重科学的。

**网易财经**：中国的良心经济学家您认为有哪几位呢？

**董藩**：在经济学方面有着相当修养的人，通常被我们称为经济学家。我一直强调经济学家应该站在球体的顶端，他可以倒向任何一方，但是又不能倒向任何一方。他不能踩跷跷板，要么偏向这边，要么偏向那边。他必须做到既考虑目前，又考虑长远；既考虑小家庭，又考虑大社会；既考虑农民的利益、考虑农业的稳定和发展，又考虑城市的住房问题；既考虑房地产业的发展，又考虑整个社会的进步和国民经济的发展。但是我们发现，这种人非常少。

如果一定要让我回答，应该说还是有一些我非常佩服的学者的，比如张维迎。张维迎非常聪明，对中国的影响是不可低估的，他已经超越了经济学家层面，实际上是一个思想家。

茅于轼老先生也有很多观点是对的，当然茅于轼在房地产上有些观点不对，为什么呢？他不是态度不对，而是对这个行业的了解还是很有限的。在北大，在清华，我还看到一些学者本着客观公正、尊重经济规律的宗旨，研究经济规律，研究中国的政策，这都让人尊重。

但是我们同时看到，更多的学者其实放弃了对规律的尊重，对客观事实的尊重，他们去迎合政府，迎合百姓的舆论，我认为这是错的。经济学家的良心问题的确是一个话题，但是我们要讨论什么才是良心。

## 政府管制房价的沉痛教训

（2011 年 2 月 8 日）

我发了一条微博，说“经济学理论和西方的实践都已经证明，要摧毁一个国家或城市，除了战争，最好的方式就是管制房价”。许多人留言，怀疑我乱说，要我给出证据。经济学家梁小民在其《西方经济学》教材中曾有过类似陈述，并提及案例，可查找，我俩去年在厦门大学讲学时偶遇，还交流过这段陈述。另外在我和我的博士后康耀江主编、清华大学出版社出版的“21 世纪房地产经营管理精品教材”丛书中，由康耀江、张健铭、文伟编写的《中国住房保障制度》分册专门讲述过中外政府对租金的管制案例以及结果（房价包括售价与租金两种形式），但出于某种考虑，对结果没做深入分析。

按保罗·萨缪尔森、威廉·诺德豪斯所著《经济学》（第十六版）的定义，管制是政府对企业无节制的市场权利的一种限制，其基本内容是政府制定条例和设计市场激励机制，以控制企业的价格（租金）、销售或生产等方面的决策。

管制一般分为两类：一是经济管制，指的是对价格、市场准入和退出条件、特殊行业的服务标准的控制。例如对电话、电力、天然气、供水等公用设施运行的管制，对运输、金融、电台、电视台等产业运营的管制。二是社会管制，这类管制用于保护环境、劳工和消费者的健康和安全，用来矫正经济活动所引起的派生后果和外部性问题，如净化空气、净化水源、保证药物安全等。

传统的经济学解释政府实施管制的理由主要有三个：一是防止垄断或寡头垄断滥用市场权利。如住房的需求价格弹性呈现两个阶段特点，在人们的基本居住需求层面价格弹性小，如果开发商形成垄断，合谋抬高价格，将会严重损害需求者的利益，使得一部分中低收入需求者无法通过市场解决基本居住条件。一旦实现了基本居住需求，向改善性需求过渡，需求的价格弹性变大，住房市场自由竞争得以发挥。二是矫正信息的不完全倾向。如政府实施金融管制，要求企业发行债券或股票时，必须提供大量的关于该公司的财务现状和前景的材料，以防止投资者错误地估价该公司的股票或债券。三是纠正外部性的负面影响。

政府对住房领域的管制主要有租金管制、价格管制、企业进入房地产领域的准入管制等形式。在西方市场经济国家发展过程中，政府没有对开发商出售住房的价格直接采取过管制的方式，但对业主出租住房的租金曾经实行过控制。

针对工业化、城市化造成的城市低收入人群的住房问题，英国政府自 1915 年开始首次对企业及房东出租住房实行租金控制，以免租金上涨对承租私人房屋的劳工阶级产生冲击。大萧条和二战期间，美国联邦政府设计了一套租金管制的国家系统，战后纽约市是唯一一座保留租金管制的城市。20 世纪 70 年代租金管制在美国许多城市重新出现，包括波士顿、洛杉矶、华盛顿特区、奥尔巴克、伯克莱和圣莫尼卡。根据美国住房和城市发展部的报告，1991 年，200 多个地区实施了租金管制，美国 10% 以上的私人出租住房受到管制。与纽约市类似，二战后，大量内地人口迁入香港，由于住房紧张，香港政府也对私人市场房屋租金实行了管制，以保证草根阶层的基本住房权益。

租金管制也带来了两个负面影响：一是由于政府控制租金水平，住房出租收益下降，投资人转而寻找其他投资机会，从而导致出租业萎缩；二是房东提供服务的质量变差，房屋得不到良好的维修，房东与租户之间的冲突急剧增加并不断升级。

面对租金管制造成的负面影响，英国保守党在 1987 年的竞选宣言中提出有必要扩大私营住房租赁市场，认为“租金控制固然是用意良好，但已造成了私营租赁市场的显著萎缩，仅占住房市场的8%。这一情况限制了住房选择并妨碍了经济发展。寻找工作的人们不能方便地迁入其他地区，那些能找到工作的人却不能在附近找到住所；那些愿意选择租赁而不愿意选择购买的人被迫成为不自愿的住房拥有者或者被挤到地方政府公房分配的等候队伍中去；有些人甚至因而成为暂时的无家可归者”。这份竞选宣言还提出，除了已经采取的弥补现状的温和措施之外，必须做出更多的努力，下一届保守党政府将吸引更多的私营房地产投资进入租赁领域，包括建筑协会、住房协会和小的私营业主。1988年的《住房法》实现了保守党竞选时许下的诺言，该法规定从1989年1月15日起，所有的新出租住房业务可以与租户自由洽商租金，法律保护租户在租用期内的居住权利，业主与租户中的任何一方可以要求进行租金登记，接受住房当局的调节。美国经济学家约瑟夫·E.斯蒂格利茨还将纽约租金管制作为政府失灵的案例编入了其所著的《公共部门经济学》。

中华人民共和国成立后，政府也一度对住房的价格实行过管制，20世纪90年代中期，房地产开发逐步兴起，在向市场化转轨的过程中，当时的国家计划委员会曾于1996年颁布了《城市房地产交易价格管理暂行办法》，规定政府根据不同商品房分别实行政府定价、政府指导价和市场调节价。2006年，国务院37号文件要求各地推出的限价商品房供应，实质上就是实行价格管制，这是政府对住房最直接的一种管制。

20世纪50年代初期，中国政府曾经对私人出租房屋采取了租金管制（私人拥有房屋超过15间，要进行社会主义改造；低于 15 间，自用外可以出租）。如北京市曾经有两万多户的家庭承租历史上遗留下来的私人出租房，一般称为标准租私房，租金水平与市场租金相差巨大。北京市 1992 年标准租私房租金为每月每平方米使用面积 0.33 元，1994 年提高到了 0.62 元，1996 年提高到 1.80 元，2000 年提高到了 3.17 元，只相当于同期市场租金的十分之一。这种租金管制造成了房东和房客的尖锐对立，房东无力修房或拒绝修房，房屋破损严重。2003 年，北京市委、市政府决定由财政和房客所在单位出资，将剩余 1.9 万户房客从标准租私房中腾退出来，从而结束了实施达 40 多年的租金管制历史，但由此带来的维修纠纷至今未解决。

从理论上分析，房租和房价管制政策都是特定历史时期的产物。近 200 年来，在城市化加速过程中，欧美等发达国家曾面临人口过分聚集、住房短缺的情况，且二战造成住房大量破坏，加剧了住房短缺的状况，在这种情况下，为了保护居民的基本住房权益，这些国家在一些城市实施了租金管制，这种行政性的干预在特定历史条件下为解决住房问题发挥了有效作用。但管制本身抑制了住房市场的竞争，使供给不断萎缩，或者降低了服务的质量。最近 20 年来，美、英等国普遍放松了管制，租金管理已成为历史。

## 房价与交通之间逻辑紧密，我的观点 100% 对

### ——董藩铿锵回应全国性批判

（2013 年 12 月 21 日）

作为北京师范大学管理学院教授、房地产研究中心主任，土地资源管理、政府经济管理两个专业的博士生导师，董藩最近两天再次坐在了风口浪尖上。

之所以说是再次，是因为早在 2011 年 4 月董藩就因为对研究生说“当你 40 岁时，没有 4 000 万元身价不要来见我，也别说是我学生”而引发争议。随后他又放言北京房价可能涨到每平方米 80 万元。而这次，在 2014 网易

经济学家年会上，董藩声称，北京的拥堵是房价太低造成的。一语激起千层浪，毫无疑问，董藩再次陷入舆论旋涡，遭到众多网友的口诛笔伐。

那么此事是否存在其他层面的解读？董藩是不是想表达别的意思而被曲解？作为知名教授、专家，董藩近年为何总有惊人言论发出？ 12 月 19 日，董藩通过新浪乐居，对他之前的一系列言论进行了澄清和解释，对当前中国房地产市场做出了完全有别于传统观念的解读。

## 一、“北京在中国房地产市场上，注定成为一个特例”

**新浪乐居：**之前你称，解决北京拥堵，让房价自由上涨是一个办法。你的这番言论是在何种背景下发出的？

**董藩：**前两天，在一次经济学家年会上，我和任志强等人进行了一次对话。主持人在和我对话的过程当中，开玩笑说我抢答，他还没问我就开始回答了。其实那是承接前一个对话嘉宾的问题，我已经知道主持人想问什么，就直接谈了我的看法。然后主持人就开玩笑说，我其实想问你，对北京的交通还满意吗？我就直接接过来了，说：北京交通很拥堵，恰恰反映了北京房价过低，没有对房地产这种需求产生很好的调节，导致人口过度聚集，进而造成交通拥堵。实际上就是这么一种表现、一种原理，只不过大家从来没想过这个问题，或者这个说法之前没人提过，所以随后网络上围绕这个观点的评论就大量出现了，各类媒体都在狂轰滥炸，批评我的观点。

**新浪乐居：**目前很多网友对你的这番言论并不认同，你是如何看待的？

**董藩：**我的这个观点，过去给我的硕士、博士们都讲过，这个观点应该说是对的。但为什么我们过去的教材，包括西方的书中都没见过呢？国内没有人研究过这个问题，没有人说这很正常，因为国内专业研究房地产的人不多，从事研究的一些人可能从其他角度研究，搞规划、搞建筑的很难想到这方面来。西方国家为什么没想到？因为西方国家是从纯市场体制发展起来的，没有我们这么多摩擦、争论，所以它们思考问题的时候，也不用像我们这样深入。它们的拥堵状况也没有我们这么严重，没有引发它们的思考，所以没有我们这样的结论。

**新浪乐居：**那么你的房价低造成北京拥堵的观点基点，是建立在哪里的呢？

**董藩：**交通拥堵为什么反映了城市房价过低？任何一个决策其实都是基于成本和收益的比较问题，无论是投资还是经商，都是这样的。我们选择一个城市居住和工作时，依然要进行成本和收益的比较。收益的，有一部分是可以用价格来衡量的，比如我们在一个城市月收入 5 000 元，回到老家是 3 000 元。但有一些是不能用价格衡量的，比如北京的工作机会相对多一些，更容易让人见多识广，有利于个人成长；北京有很好的教育条件、医疗条件，既有利于家人的身体健康，也有利于下一代的教育和成长。北京是中国最大的城市，由于文化上的原因，在北京生活工作过，回到地方，可能会受到当地人的尊重，大家认为他在北京工作过，是一种成功。

接下来就是成本。我们发现吃的、穿的、普通用的东西，全国的价格都差不多，因为这些东西都可以流通。比如说一件衣服在大连是 1 000 元，在北京是 2 000 元，自然而然就有商人或者说出差的人，把这个衣服从大连运到北京来。再比如一瓶矿泉水在天津是 1 元，在北京是 1.5 元，那么天津的矿泉水就会被大量运到北京，最终的价格很可能就是 1.2 元或者 1.3 元。可以说正是这些商品在空间上的可流通性，使得供求关系基本平衡，因此全国范围价格差不多，甚至全世界范围都差不多。即使有些差异，也是因为关税问题而出现了价格差异。

但是有一个行业，它的产品价格是没有办法在全国及全世界范围内通过空间的运输去调整供应，进而调整定价的，这就是房地产业。由于房地产业的生产方式比较特殊，房子和土地是在一起的，土地无法运输，它位置固定，所以导致房地产业生产出来的房子也不能运输。比如大连的房子便宜、河北的房子便宜，但我们无法把它们运到北京，增加北京房子的供应量，进而抑制北京房价上涨，使北京房价下跌，这个是做不到的。

在这种情况下，我们发现房价天然产生了一种功能——它是唯一的合理合法调整城市人口规模的有力手段。如果房价不是有地区差别的，比如说是统一价格，那么北京有这么多好处，都是大家希望获得的，大家可能都会来，十亿人民都挤进北京，会是什么样子呢？事实不是这样，北京房价高，因此，虽然北京有些好处，但是有的人实在没办法提高收入，承受不了房价，在北京生活得太辛苦，于是就会回老家。这样反而促进了人才在全国范围的流动，进而促进了区域经济的协调发展。而已经在北京有住房的人，也可能离开北京。比如一个退休的人，他在北京有一套价值500万元的房子，但在他的老家，买面积相似的房子只要100万元或50万元，那么他也有可能把北京的房子卖掉回老家，因为剩下的400万元足够保证他晚年生活幸福无忧。

**新浪乐居：**所以说房价成了调节城市人口规模的真正手段？

**董藩：**是的，这是个很奇妙的因素。当人口聚集时，需求就会旺盛，从而推高房价，房价达到一定高度后，就会抑制人口的继续聚集，因为新进来的人买不起房，他就可能不来了。

**新浪乐居：**有人认为，你就是想说北京房价太低，应该涨起来。

**董藩：**我说北京房价低，大家就会拿北京的绝对价格去和其他城市比，说北京很多楼盘已经每平方米四五万元、五六万元了，其他城市有的每平方米才三四千元，你还说北京房价低。其实我讲的高和低，不是一个绝对性的价格。回到经济学上讲，这个价格是相对于现实和潜在需求而言的，因为北京对房地产的需求极其旺盛。现在北京楼盘每平方米四五万元，这是政府采用限购限贷外加限售政策，用行政手段压制形成的一个约束性的价格，是依靠行政力量制造了这个价格，而不是由市场自由形成的价格。

假定我们不采用这样的行政手段去打压房价，没有限购限贷限售约束，没有外地人不许买房的规定，没有必须有纳税证明、社保证明才能买房的规定，没有超过每平方米4万元不能开盘的规定，实际上市场的价格，按现在的供给和需求，可能某个楼盘会达到每平方米7万元。但有政策干预，房价就只有每平方米5万元。在每平方米5万元的价格水平上，可能会有10万人买得起房，如果升到每平方米7万元，就可能只有4万人买得起房。这个时候我们会发现，房价把一部分人口排斥出去了。这一部分人为了住房，为了生存，可能就会到其他地方去。这个时候，这里的人口密度就会下降，最起码人口规模的上升速度会大大地减缓。

所以我说的房价高和低不是与其他城市比，是与已经形成的现实需求和未来可能形成的潜在需求比。现在这个价格由于行政力量的介入变得低了。低了，尽管有的人觉得还是很高——就变成能买得起的人还是很多，那么人口密度就会加大，这么多人要出行，就势必造成路面上交通拥堵。

**新浪乐居：**为什么你认为北京房价高，是更应该出现的情况？

**董藩：**我要说的是，北京在中国房地产市场上注定成为一个特例。为什么呢？因为北京是无数中心的集合，政治中心、经济中心、金融中心、科技中心、文化中心、教育中心、医疗中心、旅游中心、交通中心，等等，世界上几乎找不到像北京这样有这么强大功能的城市。

那么房价是什么？房价一定是城市功能的反映，一定是城市综合竞争力的表现。我还说过，房价还是一座城市的门票。一座城市有这么大的价值，大家都想来这里获得相应的好处，那么到最后，竞争就会导致房价升高。这其实也是一种资源配置的反映，我们给了北京太多的资源、太强大的功能，那么北京的房价就必然有这样的表现。北京有全国规模最大、层次最高的公务员体系，有全国规模最大、层次最高的白领阶层，还是全国规模最大的教育医疗人才和艺术文化人才聚集地，所有这一切，都决定了北京的楼盘需求是极其旺盛的。实际上，社会的总体需求，是由社会的中高层人群决定的。

有些人买不起房子，就抱怨房价高，其实他只是个体需求，是他一个人。价格是怎么形成的，是由总供给和总需求决定的。虽然有人买不起，但有另一部分人买得起，所以照样形成这样的价格，买得起的人就把房子租给买不起的人，照样形成强大的购买力。所以，有人抱怨，并不代表价格不该到这个地步。如果我们都买不起，比尔·盖茨等世界富豪前100位来了，他们把北京房子全买下来，照样形成现在的价格。所以我们犯了一个很大的错误，总是把部分人买得起或买不起当作房价高或低的依据，这种判断是完全错误的。

**新浪乐居：**目前北京房价平均每平方米约3.5万元，而成都房价平均每平方米约8 100元，成都也存在拥堵的问题，是否也表明成都房价上涨可以治堵？北京属于个案，还是全国存在通病？

**董藩：**我所说的房价高低，不是一个城市和另外一个城市相比，只是分析该城市供给和需求之间处于什么状态，是否受到了抑制，导致了人口过度聚集。有人说成都的房价每平方米只有8 100元，它不是也堵吗！成都作为一个省会城市、区域核心城市，它同样有我之前说的功能强大问题，只是比北京弱。说到成都的问题，还是得把它放在供给和需求的关系来考虑，看是不是受到抑制，假定把它的需求彻底放开，我们不能说成都就不堵，但可能会得到改善。实际上在世界上，在纽约、东京，它也是这种情况，要么你能甘心承受房价，要么你对未来抱有很大的希望，你可能就先忍着，先住地下室，要不然，你就到小一点儿的地方去。这是促进劳动力流动的主要原因。

## 二、“4 000 万元对话”被误解误读

**新浪乐居：**有人将你的北京房价低造成拥堵的言论，等同于你之前的“40 岁没赚到 4 000 万元别说是我学生”，你对此是否认同？

**董藩：**别人误解我，这是肯定的。为什么呢？因为普通老百姓和我们专门研究这个领域的，认识水平肯定不在一个层面上。我们想到的事情，他们想不到。他们按照自己的情感去认识这个世界，而我们呢，是按照经济学、管理学这样一些专业知识去研究、解释这些现象。所以他们看问题的角度，说话的语境，和我是对不上的。他们看我说的话，都认为我是胡说，而一些有专业知识的人，就会说“董教授说的是对的”。一些媒体人士则认为，我这样一个名人在那里胡说，反而成为一个新闻点，他们可以热炒。

从过去那个“4 000 万元事件”到“北京房价可以到 80 万元

每平方米”，再到这次这个事，可以看到，专业内人士和专业外人士交流，会有很大的障碍，大家说话的语境是不一样的，大家专业知识的储备是不一样的，大家思考问题的角度是不一样的，所以在一起是讨论不出什么结果的。但在一些场合，我们必须去说，他们又都去听，所以冲突就这么起来了。

**新浪乐居：**能再具体回忆一下“4 000 万元事件”吗？

**董藩：**当年的“4 000 万元事件”，其实反映的是我们的财富观问题。我一直认为，我们的财富观存在很大的问题。人人都喜欢钱，都希望获得钱。市场经济实际上就是钱的经济，发挥价格的机制，调节、引导资源流向，形成最好的配置。在市场经济条件下，GDP 也好，需求也好，工资也好，小康目标也好，都是用货币来衡量的。但大家却忌讳谈钱，如果是一个企业家还好，但一个教授谈钱，好像就道德败坏了，境界低了，师德沦丧了。但作为一个经济学和管理学教授，我不谈钱又该谈什么呢？在课堂上，我去大谈马列主义反而是不务正业，我就是要谈钱，谈投入、谈产出、谈成本、谈回报，所有这些都是用货币来衡量的，也就是用钱来衡量的，所以我讲这些话本身就是一个正常的工作。

我当年讲 4 000 万元，我后面有完整的话，完整的话是这样的：“到你 40 岁时，没有 4 000 万元不要来见我，也别说是我的学生。培养学生的财富意识是我的重要工作内容，当然，前提是合理合法致富。合理合法致富，财富越多意味着对社会的贡献越大，创造了更多的 GDP、更多的税收、更多的就业机会，也使自己和家属摆脱了生活困境，还有能力援助亲朋好友和社会低收入阶层。对高学历者来说，贫困意味着耻辱和失败。”这是我当时的原话，毫无疑问，它实际上是一种励志的说法，我鼓励学生今天好好学，明天好好干，有了钱还要做慈善，这句话真的没有毛病。但是由于我谈了钱，我谈的钱数额比较大，而且我还是大学老师，于是就引起了高度关注。因为这个社会的主流文化是仇富的，再加上我们有很多人很平庸，他们生气：我很平庸，为什么你的学生那么突出？我很贫困，为什么你的学生就那么有钱？再加上我还有大学老师的特别身份，所以这种情绪就爆发了，就对着我来了，全国有几万篇文章批判我，很多名人批判我，甚至还有人找我打架。

**新浪乐居**：你认为，为什么大家会群情激愤？

**董藩**：实际上这是我们转轨时期财富观混乱导致的。一方面我们搞市场经济，需要承认货币的价值，承认财富的价值，认可它的地位和作用；另一方面，有些传统文化在影响我们，好像我们谈钱就无耻、低下、道德沦丧，所谓“君子不言利”。这是转轨时期矛盾冲突的表现。很多人支持我，也有很多人反对我。财富观连接着价值观，价值观背后又连接着我们的教育理念问题。我一直认为我们的教育理念也要调整，我们过去一直强调从道德角度教育学生，其实我们现在看，这么多年效果并不明显。我们更应该从生存观、法制观的角度教育学生，教给他生存的本领，告诉他怎么去生存，并且不要违法。但是我们恰恰在这方面做得不理想，我之前在北师大演讲，学生有六七百人，他们都听得很激动，在微博上给我留言，那些留言给我非常多的肯定。当面交流，让他们了解了我很多真实的想法，而他们过去对这些想法的认识都是错的。

**新浪乐居：**你认为调控打击房价是不正常的，但有观点认为房价下降可以解决大多数人的刚性住房需求。

**董藩：**很多人认为打压可以降低房价，让更多人买得起房子，这种思路是不对的。我不是说不能调控，我也是认可调控的，但调控应是采用经济手段调整供给和需求，比如发现价格涨得快的时候，我们就扩大供应，供应大了房价上涨的幅度就会减缓，稳下来，甚至出现阶段性下降，而不是采用行政手段，你没有户口不能买，没有纳税证明不能买。这样的行政手段违背了经济发展的规律，也违背了公民的意愿。

大家知道，很多国家都选择了市场经济体制，因为市场经济最有利于帮助我们创造物质、创造文明。市场经济实际上是用价格机制决定资源配置的经济制度，在市场经济当中，价格对经济的调节就是我们所说的价格机制。价格机制可以笼统地称为市场机制，就是用价格调整社会经济生活的方式或者说规律。价格是整个市场经济的本质所在，价格调整也是整个市场经济调整的中心所在，因为价格能引导供给和需求：如果总体价格水平比较高，上升快，那么就说明这种产品要扩大供应；如果下跌了，就告诉生产者要减缓生产。所以价格机制的第一功能就是传递一种信号，告诉社会怎样组织生产。

有了价格机制的作用，我们才知道怎样生产、生产什么、生产多少、什么时候生产，所以价格机制是非常美妙的机制。它帮助我们组织生产活动，帮助全社会完成资源的有效配置。如果我们采用行政手段打压这种机制，就破坏了这种机制传递信号的功能，同时我们还使得企业，作为市场的主体，它的功能受到严重的抑制。如果它是个市场主体，必须自主经营、自负盈亏，但是我们让开发商在定价时不许超过每平方米 4 万元，我们就发现它的决策会受到影响，如果成本比较高，它以后还干不干都不知道了。所以打压就导致了资源配置机制和企业决策机制的紊乱。故而我们应该采用价格机制去调节市场供求，而不是去打压它。

**新浪乐居：**现在的情况是，一些专家似乎总会说出令大众不满意的话。

**董藩：**实际上房地产业的很多企业家作为从业人员，对这方面的认识都是不高的。今天这些纠纷、争论的出现，正是由于认识水平比较低，大家谈不到一块儿去。所以我希望越来越多的有深刻科学认识的学者能站出来，而不是让我们的政策受到错误舆论的干扰，这样我们的政策制定才能更趋向于理性。

# 第二章

# 政策调控能真正解决问题吗？

虽然部分地区阶段性过剩的局面已然出现，但中国房地产高增长的过程还没有结束。政府打压需求、限制供给的做法，很难从根本上扭转房价上涨的问题。租购并举制度的实施确实是一个进步，然而扩大保障房建设和去库存如何完美协调又是一大难题。

# 回顾“温时代”调控：楼市十年得与失*

（2013 年 4 月 10 日）

新年以来，一、二线城市房价出现反弹。面对这一局势，上月下旬，国务院召开常务会议，宣布了五条房地产调控措施，主要仍是以控制需求、压制房价为目的，意图扭转市场对房价上涨的预期。其中，最严厉的一条是房屋出售增值部分要交税 20%，引发市场骚动，不少城

* 此为《南方都市报》的专访报道，原载 2013 年 3 月 10 日《南方都市报》，记者陈建利。我于 4 月 10 日发布在公众号上。

市居民彻夜排队以赶上过户末班车。这一政策真的会控制住房价吗？自2004年以来，中央对房市已经召开了九次常务会，宏观调控一轮接一轮，但房价一直没有得到遏制，背后的思路和逻辑是什么？为何一直从打压房价而不是从增加供给着手？就这些问题，本报专访了北京师范大学房地产研究中心主任董藩。

## 一、新政策目的在扭转房价上涨预期

**南方都市报（以下简称“南都”）：**政府为何在此时出台新“国五条”，其基本思路和基本目的是什么？

**董藩：**从表面看还是为了抑制投资投机购房，严格执行商品房限购措施，但实际上更多的是为喊话，干扰房价上涨预期。为什么这么说？因为从内容看，新“国五条”和过去的房市调控政策相比，没有多少实质性的新东西。比如说控制房价问题，对地方政府进行考核问责问题，包括扩大房产税试点问题，都是一些常规的说法。

政府之所以会出台这些政策，主要是因为去年以来一线城市的房价出现了反弹，为了控制房价，阻止其向二、三线城市蔓延，同时也为了给民众留下本届政府有始有终的印象，并暗示下届政府也会保持房市政策的延续性。

从新“国五条”的内容看，思路还是以控制需求为主。虽然它也提到了加快供应的问题，但这里面有一个逻辑。之所以这么多年来，政府对房市采取如此多、如此密集的措施，却没有取得成效，是因为在打压需求的时候，供应是上不来的。住房的生产周期太长，现在又实行严格的限购措施，很多人想买买不了，改善性需求、养老需求、休闲需求都没有办法实现，这些需求不能释放，开发商就不敢去买地。在这个逻辑下，打压需求并不能增加供给。

**南都**：预计“两会”后出台的调控细则会有哪些内容?

**董藩**：“两会”之后可能会出台一些具体的实施细则，因为现在的国务院文件只是表现为一种会议精神或指导原则，并没有直接落实。比如说房子出售时增值征税的问题，怎么征才算合理：当时买的是毛坯房，后来装修了，装修成本应不应该扣除？房子是贷款买的，贷款的利息算不算成本，应不应该扣除？维修费用算不算成本，应不应该扣除？折旧算不算，应不应该扣除？从公平的视角看，这些都应该从增值的部分中扣除才对。但这些问题都没有在文件中提到。所以，老百姓要真是第一次购房，或出售后再购房以改善住宿条件，政府把其增值的 20% 以税的形式拿走，是不公平的。

对于贷款的问题，这次也提到了，要使用差别性信贷来抑制需求，那么究竟第二套房子的首付提到多少？是六五成还是七成甚至七成以上？贷款利率要上浮多少？是 10%、20% 还是多少？在哪些城市执行？这次会议只是说在部分热点城市执行，也没有说清楚。可以预见，在 3 月底 4 月初的时候，会出具体细则。

这个政策看似非常严厉，会议内容公布后舆论哗然，交易价却不降反升。现有的政策总是试图干预市场和市场规律，引发市场震荡。这段时间有新闻爆出，一些城市市民为了应对这一政策，彻夜排队过户。

**南都**：其实，原来按售价增值部分收税20%的标准一直存在，但各地是按照售价1%—3%的标准征收的，这次也会如此吗？

**董藩**：的确原来就存在。但按照现在的政策调整方向，似乎是要废掉原来按照售价1%—3%征税，而对增值部分按照20%征税。其实，原来基本上是按照售价1%来征税，且交易中还存在很多“阴阳合同”，买卖双方的负担轻很多。现在要按新办法执行，就严厉多了。这两年经济增长放缓，政府财政收入下滑，以打击投机投资为由，多收税的目的很明显。

## 二、压制需求和房价的思路不对

**南都**：这一调控政策真的能调控预期、压制房价、降低需求吗，还是会引发未来房价的进一步反弹？

**董藩**：现在这个政策还是老思路，就是打压需求、限制供给，虽然文字上说鼓励商品房和保障房建设，但打压需求，房地产商就不敢轻易买地。地卖不出去，政府是没有钱建保障房的。前两年说2011—2012年每年建1 000万套保障房，后来说整个“十二五”期间建3 600万套，但根本没有办法实现。后来又改成开工1 000万套，但也实现不了，于是标准又降低，现在每年能竣工500万套就很好了。且这里面存在很大水分，比如很多地方政府把机关单位的集资建房也算作保障房等。

普通商品房也是，当打压需求时，地产商是没有办法放心买地、放心开发的，所以整个供给也跟着萎缩。但这个需求只是被暂时抑制住，并没有消失，所以当需求重新冒出时，房价毫无疑问会出现报复性反弹，出现暴涨。

**南都：**过去十年，国务院召开了九次常务会议专题研究地产调控，但房价却越调越高。过去十年的调控思路和逻辑是什么?

**董藩：**从2004年开始的宏观调控，出发点是对的，决心很大，但效果很差。

第一，2005—2007年，政府是想控制房价和需求的，但二者均节节升高。2008年，经济危机出现，购房需求不振，交易量锐减，2009年3月份，政府又开始救市，需求被激发，房价升得急，舆论压力大，到2010年又很快出台严厉的限价限购政策。从2005—2007年，相对于需求增长来说，供应是下降的。2007年下半年供应有所增加，2008年后，突然陷入“买方市场”状态，供应过剩。2009年3月份后，需求又急剧回升，供应又不足，所以又引来更严厉的打压政策。

第二，行业管理部门在调控思路和政策走向上沟通有问题，甚至观点完全相反。比如说建设部和国土资源部之间，在调控思路和立场上就不一致。从建设部角度讲，多出售土地、增加供应毫无疑问对控制和降低房价是有利的，但从土地保护部门来讲，它在死保18亿亩耕地红线。建设部和其他部委之间也有冲突。比如建设部希望多盖保障房、廉租房，但财政部有没有钱、愿不愿意投是一个问题。现在提出那么大的保障房规模，财政要转移支付，是需要钱的。还有就是要促进房地产市场的开发和交易，就应该减免税，但财政部和税务总局也不大乐意。另外，扩大供应，需要银行信贷上适当放松，但银行对经济也有自己的调控思路。所以这些年来的地产宏观调控，虽然是在一起联合发文，但在具体实施细则上，是各按各的思路做，甚至彼此拆台的。

第三，在行政问责的前提下，地方政府出现了一些错误的认识和不正当的行为。比如说干预开发商开盘时间、干预开发商的自由定价、干预开发商的经营自主权，甚至该卖的地不卖、在招投标时人为操纵土地价格等。

第四，舆论混乱，民众压力大。开发商成了替罪羊，被指责“黑心”“暴利”等，成为房价高涨的罪魁祸首。有房者与无房者对房价的升跌反应不一，开发商内部对是否应用行政手段调控房价、承担“社会责任”看法也不一致。另外，中央政府和地方政府在房价上涨过程中的利益也是不一致的。媒体、学界的看法也极其混乱，有从“公平角度”看支持行政干预的，有从“效率角度”看反对调控的。

## 三、为什么说中国的房地产市场处在飞速成长期?

**南都:** 你为什么认为中国房地产业高速增长的过程还没有结束？其他经济学家不这么认为。

**董藩:** 其一，因为过去几十年这个市场基本上是停滞的，到1979年改革开放时，中国的人均住房面积反而由1949年的4.5

平方米下降到3.6平方米。到1997年末，人均住房也只有9.2平方米。1998年，朱镕基总理做出决策，启动消费，拉动增长，房地产行业成为中国的支柱产业，并出台了减税、信贷购房、给开发商贷款等措施，房地产市场开始爆发。其二，人口还在增加，家庭不断裂变。其三，城市化还在推进中，还会有更多的农民要进城。这些因素都决定了这个阶段需求旺盛。政府不理解这个背景，看到房价上涨，一些低收入群体不满意，就开始动手打压，带来市场多年来的震荡。

## 四、必须增加土地供给并提高容积率

**南都**：为何过去十年，中央政府的调控一直在从控制价格、压抑需求着手，而不是加大土地供给和提高容积率?

**董藩**：一是决策层没有认识到中国的房地产市场正处在一个发展的特殊阶段。任何一个产业，都有生命周期，一个是孕育期，一个是成长期，一个是成熟期，一个是衰退期，大部分产业都要经历这四个阶段。中国的房地产市场正处在成长期。成长期的特点是需求和供应增加都很快，开发和交易规模大，但往往需求比供给增加更快，所以尽管供给增加快，但房价仍旧持续上涨。

二是将国民经济协调发展简单理解为各个产业齐头并进，忽略支柱产业、先导产业在投资需求上的特殊地位。中国人已经从解决“衣食”的基本需求升级到要解决“住行”的高端需求阶段了，这个时候房地产市场投资规模大、增长速度快、需求旺、交易火爆是正常的。

三是认识有误区，将需求和供给割裂开来看，总是根据上一年的成交额推断供应应该是多少，而实际上上一年的供应一定是没有满足需求的，否则房价不会持续上涨。这就决定了在安排土地供应时，也是满足不了市场需求。

四是没有了解当前房地产市场爆发的制度和意识背景。比如说金融制度的变革，可以贷款购房带来了需求上升；比如说户籍制度的松动带来人口流动，新迁入的人口有购房的需求；还有住房本身是财富载体，中国人富裕了，有钱了，钱要放在哪里，投资买房是个好的去路等。

五是近乎全民性的以马克思的“劳动价值论”来简单地看待房价和成本的关系，不是从供求关系来看待房价，认为价格就是成本加利润，认为地产开发暴利、缺乏道德、没有社会责任感等，而认识不到价格和成本无关，导致了对开发商的反感和敌对情绪的泛滥。这种情绪进而引发一些恶果：比如要求公布商品房开发成本，在南京、福州已实行；再比如推出限价房政策；还比如不顾分工原理，要求集资建房、单位自建房回头，以致出现了“不买房运动”和“万人购房团”等荒诞现象。

六是一直弄错了空置面积和空置率的概念，直接导致了其对房地产形势的判断错误。空置面积是指开发商手中竣工验收但尚未出售或出租的面积。这部分面积不等于卖不掉，不等于过剩，不等于浪费，出售任何商品都有一个过程，有一个周期。这就好比超市里的商品一样，并不是上架就立马卖掉了。

**南都：**除了认识误区外，加大土地供给的障碍在哪里？

**董藩：**房价高，需求旺，就如你所说，根本的办法还是增加土地供应，提高容积率。现在的问题是有些三、四线城市对土地财政依赖厉害，变相增加土地供应，所以供需矛盾没有那么突出。而在一线城市，因为拥入的人口多，土地供应远远不够。所以，市场有分化，但总体而言，中国的住房供应仍处于短缺状态，增大土地供应、扩大交易规模是对的。

总体的思路是在确保耕地安全的前提下，要适当增加住宅和商业地产供应，压缩农地面积。

一是一级市场土地供应要变机械控制为动态控制。过去常常是计划经济的思维，就是每年增加一定比例的住宅用地指标。但中国现在处于城市化的加速期和房地产市场的高速成长期，不妨多增加一些建设用地面积，等到房地产市场进入成熟期，再削减土地供应不迟。

二是调整建设用地结构，大力压缩工业用地，确保民用地指标。现在工业用地指标多，占地面积大，容积率又低，造成土地使用的浪费。有些地方甚至搞花园式工厂，人口密度那么低，下班工人都回家了，没有必要。

三是调整规划思路，对新批项目提高容积率。

四是加快旧城尤其是贫民窟改造，增加住宅供应。原来的旧城房屋多是低层的，容积率低，配套很差，公共设施建设也不足，要加速改造。

五是划小出让地块面积，减少千亩大盘，提高竞争性。大盘对规划部门来说成本低、容易操作。但地产商获得千亩大盘，就在这个区域获得了相对定价权。如果把千亩大盘分成四份，由四个开发商开发，竞争就会加强。开发商就会在产品质量上下功夫，定价低，卖得也快，这对买房者是有好处的。

## ■ 含着眼泪，解读政策

（2015 年 7 月 26 日）

与一些粉丝朋友到美国、加拿大旅游，顺便了解当地的房地产市场状况。对比一下中国近十年来的房地产市场，非常感慨。特别是想到每年“两会”期间，有些人大代表、政协委员提出的某些议案、提案，心都碎了。

我想起有人建议国家应尽快进行“二次房改”，建立能够满足中等收入家庭住房需求的公共住房制度。中国有几个中等收入家庭没有住房呢？除了新加坡，哪个市场化国家又敢把中等收入家庭的住房都包管起来呢？按理说高收入阶层（比如企业家）纳税最多、社会贡献最大，用国家税收建立这种公共住房制度，却单独把高收入阶层抛出来，他们能接受吗？

我想起有人建议要改善实行土地供应方式，增加土地招标出让。这不是土地供应制度的倒退吗？拍卖和招标哪个公平、哪个容易滋生腐败，难道还要长篇大论地讲吗？如果不是当年招标出让出了很多问题，暗箱操作频发，会全力推进拍卖制度吗？尽管拍卖也出现了一些问题，但比招标要强很多。近些年土地价格上涨，这是经济快速发展、需求爆发带来的结果，只要使用好土地价款、多多用之于民就可以了，况且逻辑上很清楚，是房价拉升了地价，而不是地价推升了房价。

我想起有人说北京市内的某些社区房屋闲置达50%以上，建议征房屋闲置税。我也主张提高房屋使用效率，但究竟什么叫闲置？有的人身体不好，冬天怕冷去海南住住，夏天怕热去哈尔滨住住，不行吗？有的年轻人暂时被公司派到外地公司工作两三年，还非得把北京的住宅卖掉吗？为了照顾小孩上学，暂时在学校附近承租一套房子，原住宅算不算闲置、该不该缴税？50%的闲置率又是怎样统计上来的？

我想起有人说必须继续采取严厉措施，控制住房价，让年轻人都买得起房。更有甚者说如果年轻人买房还不起贷款，应对其实行破产保护，同时由国家给予救助。这种言论很会讨巧，但现实吗？限购限贷及连锁反应几乎摧毁了整个国民经济，看不到吗？黄忠六十岁跟刘备“干革命”，德川家康七十岁打天下，姜子牙八十岁做丞相，佘太君百岁挂帅，年轻人买房不该有个积累过程吗?

我想起有人建议征房产税。房产税是什么？房产税是一种对增值性财产——房产征收的税种。中国的房产的确也在增值，但是哪部分在增值？钢筋、水泥、砖、瓦、灰、沙、石？不是，是土地！按照法律规定，中国的房地产占用的土地属于国家所有，既然土地还是国家的，土地增值凭什么向老百姓收税？西方大部分国家是有房产税，但它们的土地是以私有制为基础的，与我们完全不同。长期看我也主张征收房产税，但这涉及土地制度变革和管理体制完善等问题，这是前提。短期看征收房产税不可行。我们现在有些房产到底在谁手里都搞不清楚，还是先研究研究反腐败、把非法获得的那些房产没收了再说吧。目前征收房产税，前途是光明的，道路是曲折的。

我还想起总有人说房地产“泡沫”严重。房地产“泡沫”就是那个传说中的鬼，都说有，但谁也没看到。他们说怎么没有，你看中国的房价收入比美国高很多，他们不知道这个指标根本不具有国际比较性。他们又说你看中国租金售价比这么低，其实他们不知道中国的居住文化与西方截然不同，也不知道中国特色的土地制度、宏观调控以及没有纳入统计范围的众多军产房、小产权房、城中村自建房、房改房等对这个指标有什么影响。

总是有人振振有词地说房地产业绑架了银行、绑架了国民经济，其实是舆论绑架了政府。政府左右为难，已经无所适从，出台的政策也时常自相矛盾。那些不同年份推出的完全相反的政策，每次都赢得了不少掌声，谁去说出其中存在的严重逻辑矛盾？说“创造条件让更多群众拥有财产性收入”，却不鼓励私人房地产投资，不让房价上涨，如何能自圆其说？房地产是老百姓最大的财产，一般要占一个家庭财富的70%以上，不让这部分财产增值，哪里还有什么财产性收入？让老百姓去买股票吗？买股票行吗？这一轮行情再次验证了那个著名的段子：“宝马进去，自行车出来；地球进去，乒乓球出来。”买房子可以做到“乒乓球进去，地球出来”，但是不让买。买股票会被洗劫一空，存款又贬值，哪里还有财产性收入？鼓励租房居住，但又不鼓励房地产投资，没有出租方，租赁市场如何形成呢？还有，《政府工作报告》强调要继续推进城市化进程、继续扩大就业，打压房地产开发，靠什么去实现这些目标呢？放眼全国，除了房地产业和汽车业还有一些增长潜力，还有哪个行业的市场没有饱和呢？

因为房价上涨，住房与城乡建设部成了众矢之的，成了最倒霉的部委。连修养颇高、见多识广的部长都招架不住、蒙头转向了。记得几年前，某部长答记者问时，说了句“未来20年房价上涨压力仍然非常大”，结果遭遇了与我和任志强先生一样的命运，民间骂声一片，多亏网站事先准备好了大量人手删除帖子。在舆论重压之下，这位部长也只能顺着大家的心思改口说：“未来房价肯定能稳定，不行也得行！未来房价肯定能稳定，不降也得降！”

一些建言献策者缺乏起码的专业知识和精神。这样的人大代表、政协委员或学者是在浪费纳税人的钱。我曾经私下问一个人大代表:以你的见识和专业修养,怎么会提那样的建议呢?他说:我们是老百姓选的,老百姓爱听什么当然我们就要说什么。老百姓具有什么特点?老百姓考虑自己多,考虑他人少;考虑眼前多,考虑长远少;考虑小家庭多,考虑大社会少。治理一个国家不考虑各行各业、不考虑可持续发展、不考虑市场机制行吗?城里人是老百姓,城里人都想要房子,多占耕地就可以多盖房子,但多占耕地很多农民就得下岗,难道农民不是老百姓吗?没买房的盼着房价下跌,买了房的盼着房价上涨。没买房的是老百姓,买了房的就不是老百姓吗?若人大代表、政协委员以及学者们都像广场上算卦的,唠那些人人爱听的嗑,我不知道科学发展观究竟在哪里!

房地产业的确还存在很多问题,但各行各业都存在问题,要在发展中完善。人人都说房地产业丑,如果竞争不充分,监管没有效,哪个行业能健康发展?想想奶粉行业吧,一点儿也不比房地产业美;想想假药、地沟油吧,比房地产业黑心得多;想想高速公路建设吧,比房地产业腐败得多。有些问题与房地产业本身无关,但遇到这些问题时当事者并不从自己身上找原因。2009年房地产业救了中国,我以为某些人会对房地产业的看法变好些。但众里寻他千百度,蓦然回首,那些人依旧对房地产业不屑一顾。

在房地产问题上,每个人的私欲都在膨胀,这是个很危险的事情。其实大约只有4%的家庭没有房产,主要是刚就业的年轻人。许多低收入家庭有住房,只是较差或很差,需要政府帮助改善。但现在问题却大大复杂化了，甚至上升到房地产业乃至中国发展道路的选择问题。中国将为此付出代价——原本不该付出的代价。

我们在文化上出了问题，房地产业被彻底政治化、道德化、暴力化、妖魔化、娱乐化、社会化了。20多年来，中国由城市家庭没有属于自己的房产发展到84%的家庭拥有了自己的房产，房地产业贡献巨大，但它却换得了这样一个结局，这是这个行业十分悲哀的事情。对这个问题没有察觉、反思，又是整个社会十分悲哀的事情。2009年春天我做了场演讲，题为《没有房地产业救不了中国》，因此挨了很多骂，但我说对了，没有房地产业不可能完成当年的“保八”目标。我到欧洲考察了一圈，回来写了篇博客文章《中国拯救世界，地产拯救中国》，又挨了很多骂，有人在后面加了一句讽刺的话：“董藩拯救地产”。我救不了房地产业，任志强也救不了房地产业，中国房地产业进入了是非不分的时代，的确是个很麻烦的事情。

有的开发商输掉了，心中不服：如果没有限购限贷政策，市场状况不会变化得这样快，我不会走投无路。有的市民给外地父母买养老房，不得不离婚，也十分抱怨：限购限贷政策强暴了我！

没办法，随着形势而起伏吧，跌倒了，爬起来，哭也没有用。成功者不是没有眼泪，而是含着眼泪在奔跑。我倒是建议大家更积极一点儿：学会忍住泪水，好好解读政策吧！

## ■ 解读楼市新政：四大进步与两点遗憾

（2015年12月22日）

中央经济工作会议12月18日至21日在北京举行。会议的一个重要议题是化解房地产库存。会议提出，要按照加快提高户籍人口城镇化率和深化住房制度改革的要求，通过加快农民工市民化，扩大有效需求，打通供需通道，消化库存，稳定房地产市场。

会议还提出，要落实户籍制度改革方案，允许农业转移人口等非户籍人口在就业地落户，使他们形成在就业地买房或长期租房的预期和需求。要明确深化住房制度改革方向，以满足新市民住房需求为主要出发点，以建立购租并举的住房制度为主要方向，把公租房扩大到非户籍人口。要发展住房租赁市场，鼓励自然人和各类机构投资者购买库存商品房，成为租赁市场的房源提供者，鼓励发展以住房租赁为主营业务的专业化企业。要鼓励房地产开发企业顺应市场规律调整营销策略，适当降低商品住房价格，促进房地产业兼并重组，提高产业集中度。要取消过时的限制性措施。

此前经济形势分析和2016年经济工作部署会议时，我曾说过还有两个重要会议，其中一个是政治局领导与各民主党派和工商联主要领导的共事协商会议（党外人士座谈会），另一个就是中央经济工作会议。由于共事协商会议未高调宣传，我未注意到，实际上它在经济形势分析和2016年经济工作部署会议之前就召开了。我为什么高度关注这次共事协商会议呢？因为全国人大常委会副委员长、民革中央主席万鄂湘在这次会议上率先做了一个现场发言，题目是《加快房地产市场去库存，助力经济增长》。作为房地产专家和民革中央委员，我帮助民革中央准备了这篇建议稿的初稿，并在机关工作人员的帮助和领导的认可下，把它转化成了组织的智慧。我希望其中一些建议能在后面的政策中体现出来，推动楼市交易尽快好转。

据说这次经济工作会议的会场气氛比较严肃，因为与会者都感觉到了经济衰退带来的巨大压力。所以，这次会议至少从去库存这一工作安排看，力度确实有了，进步不小。但是在我的眼里，仍然是有遗憾的。对广大三、四线城市来说，即便有了这些措施，去库存也将是艰难的。也顺便提醒我的广大学员、粉丝：牢记课堂专业知识，冷静应对市场变化，把握好反向操作节奏，进一步优化资产配置。

这次会议最大的进步在于提出了“鼓励买房，发展租赁市场”的行业管理思路。这是一个大的、彻底的转变，因为过去一直把多买房看作投资、投机活动而严厉打压，至少是不支持的。“不限制富人买房，借此拉动经济增长，也形成巨大的租赁市场，为年轻人和低收入人群承租活动创造条件，也减轻政府保障压力”，这是我的一贯主张。在民革中央的建议稿中，我们认为，要激发需求，必须清除中高收入阶层进入市场的障碍。对二套和三套商品房的信贷约束与打压政策严重约束了他们入市，而首套置业者购买力通常很弱。中高端收入家庭不入市，首套置业者往往也没有信心。我们特意提醒，“不必担心高端家庭购买更多房产，他们的房产大多都出租，可以大大缓解政府住房保障的压力”。而且明确告知“这就是全世界主流国家都不限制商品房购买数量的原因”。我很高兴看到这次会议提出“要发展住房租赁市场，鼓励自然人和各类机构投资者购买库存商品房，成为租赁市场的房源提供者，鼓励发展以住房租赁为主营业务的专业化企业”。这些全新的说法意味着房地产调控政策和发展思路的大转变，这与我当年的主张完全相符，所以我很欣慰。当然，思路对了，还要观察后面是否出台了具体的政策措施，以及其科学性。

这次会议的第二个进步在于提出了“要取消过时的限制性

措施”。这也是一个了不起的变化。大家知道，这两三年，我总是批评想救房地产市场，态度上却又“羞羞答答、扭扭捏捏、犹犹豫豫、遮遮掩掩”的做法。“拿着纸杯舀水冲厕所”，结果延误了时机，导致经济形势不断恶化，而且浪费了子弹，增加了后面救市的难度。之所以这样，就在于政府没有充分认识到或者不认可此前一些政策的错误或者缺陷。我们在建议稿中特别强调取消一些严厉限制市场交易恢复的措施，重点是限购限贷政策。我们认为，此前的系列救市政策之所以没有取得理想效果，主要与几个一线城市的市场导向作用有关。在全国市场如此疲软的情况下，如果这几个一线城市交易量不明显甚至强烈恢复，就不可能带动二线城市，进而逐级带动三、四线城市的市场恢复。同时，我们认为，目前一线城市想借限购限贷政策控制人口规模，这种思路完全不对，也根本不可能控制住人口增长。反而是放开房价，通过居住成本的上升，可能会渐渐抑制人口的过度聚集。不允许买第二套、第三套及更多的规定，第二套贷款比例减少、利率上浮及第三套不贷款的规定，不管实施范围大小，从目前的市场管理和调控目的看，都是过时的限制性措施。我希望自己的理解与中央会议文件的这个表述在含义上是吻合的；我更希望看到自己冒着风险、批评了五年的“限购限贷”政策彻底被取消，至少再做大的或放松性的调整。

这次会议的第三个进步在于提出了住房制度的新方向：建立购租并举的住房制度，并把公租房扩大到非户籍人口。十年来，在演讲和培训课堂上，我反复讲，一个完善的市场一定包括两部分：一部分是买卖市场，一部分是租赁市场。在买卖市场上，中高收入人群自己买房子自己住，不需要政府救济和帮助。而在租赁市场上，一定是这样：一边连着高收入人群，一边连着低收入人群；一边连着本地人，一边连着外地人；一边连着虽然收入不高但可能有点儿积累的普通中产家庭，一边连着刚刚起步或刚刚就业的年轻人。这些刚刚起步的人、这些外来的人、这些低收入人群，他们买不起房子，租住这些富有者、当地人的房子，于是就产生了一个巨大的租赁市场。在这种条件下，城市化进程可以继续推进，人口流动可以有序进行，整个社会劳动力、人才的流动，还有由此带动的资本及其他生产要素的流动，才都是最有效的。建立购租并举的住房制度，这是修正了的新的说法，与以往倾向于帮助低收入人群买房的调控思路，在表述上至少是明显不同了。这是对的。美国至今有 38% 的家庭没有自己的住房，要租住私人住宅或者廉租房，西欧、中欧住房自有化率更低，大部分国家处于 40%—60% 的状态，而北欧的住房自有化率则进一步下降至 20%—30%，这才是规律的体现（不做解释）。

这次会议的第四个进步在于终于关注到了对农民的商品住房政策。我在个人公众号“藩丝财智厅”和我的长微博里讲述过这个问题，这里简单重复一下。我不反对这个思路，因为多年来，购房按揭、税收优惠、财政补贴、公积金贷款等政策都与农民无关，确实很不公平。农民阶层在整个社会发展过程中不断被边缘化。但是我想说的是，政府采纳这一思路，本质上是基于房地产市场可能产生的巨大风险而采取的短期救市措施。如果从这一直接目的考虑，我认为该思路意义不大。原因有四：首先，农民群体缺乏财富积累，购买力比较弱，收入不稳定，拿不出来多少钱作首付。其次，大部分农民厌恶负债，对信贷充满恐惧。大部分农民长期在小农经济环境中生存，虽然民间也有借贷关系，但基本上是临时应急性的互助。再次，农民信用等级也比较差，银行对其放贷会很谨慎。这里我想说的不是指农民的人品差，而是说一种公允守诺程度的评估，是从一个人的资产、收入、经济活动风险等方面进行的。最后，农民工的流动性大，银行在后续管理方面也会有很多麻烦。农民工在城里属于临时工状态，工作、地域和行业的三重不稳定对信贷管理很不利。只有一套房，不能还款时也不好强行拍卖，这是银行面临的巨大挑战。因此，我预计此政策在促进社会公平方面意义很大，但在去库存方面效果不太明显。

当然，在看到这四大进步的同时，我也感觉到两个遗憾。一是“要鼓励房地产开发企业顺应市场规律调整营销策略，适当降低商品住房价格”。我在博士研究生、硕士研究生以及针对粉丝的培训课堂上，曾反复讲“房价能涨、能稳，但不能跌”，因为房地产市场存在与普通商品市场不同的规律，而政府的这个提法不但不能提升交易量，还有可能加剧市场的观望情绪，本来想入市的也可能因为这句话而等着，暂时不买了。二是“促进房地产业兼并重组，提高产业集中度”。房地产市场是典型的垄断竞争市场，不应该是寡头市场。中国的开发商已经是世界最大规模的开发商，但生产的产品照样有问题。集中度提高意味着垄断性加强，定价权上升，对改善质量、提升购买者话语权和消费者剩余不利。美国至今有十多万家开发商，大部分为中小型开发商。我国香港也有很多小开发商。他们的存在对买房者是有利的。所以，不必特意去推动开发商的并购、重组，市场自发行为除外。考虑到“妄议”之嫌，对这两点遗憾，我不详细论述了。另外，在我们民革中央的建议稿中，我还提出了很多具体的政策建议，我相信有一些会在以后出台的政策中体现出来，这里我也不赘述了。

## 挖掘政治局会议决议隐含的七大信息

（2015年5月1日）

4月30日，最新一次政治局会议结束了，看到一些解读，但总觉得没说透亮儿，所以我想强调一下应高度关注政治局会议决议隐含的信息。

通读报道，不难看出，这次会议有三个主要议题：（1）评价形势，确定下一步经济发展的指导思想。（2）审议通过中央统战部主持编写、以中共中央名义发布的《中国共产党统一战线工作条例》。（3）审议通过《京津冀协同发展规划纲要》。其核心在第一个议题上。通过阅读政治局决议和报道，需要高度关注的信息如下：

1. 经济形势的严峻格局未有明显改善，压力依然较大。决议前面文字表述中有一些惯例性肯定，但核心陈述在于“外部需求收缩，内部多种矛盾聚合，经济运行走势分化，下行压力仍然较大”。这些才是一定要识别出的焦点语句。

2. 短期发展的指导思想已被迫改变。此前坚持的“不以 GDP 论英雄”、可放弃一定增长而“调结构、促转型”的发展思路暂时放弃，重新回到了以“保增长”为核心的发展思路上来（我以前说过已经开始转变了），要努力制止经济增长速度下滑趋势的加剧，全力改变目前格局。看似轻描淡写的“保持经济运行在合理区间”，其实是向地方党委、政府发出了一道命令：今年时间已经不多，要全力以赴保增长，不能节节后退。

3. 重走 2008 年危机救市时的老路，大规模增加政府投资。力度有多大？我在微博上已经提前告诉大家了，很快大家会看到这一切，我在 EMBA 课堂、总裁班课堂及粉丝房地产投资理财课堂上都说过“只有放水一条路”“救得越晚，放水规模越大”。“积极的财政政策要增加公共支出，加大降税清费力度。稳健的货币政策要把握好度，注意疏通货币政策向实体经济的传导渠道。要注重发挥投资的关键作用”——这次可不是套话啦！

4. 要千方百计筹集钱，确保投资拉动思路得以落实。虽然也强调“要注重扩大消费需求，有针对性地挖掘消费潜力，努力提高消费品质量和服务水平，培育新的消费增长点”，不过那显然不是重点，也没有立竿见影的效果。但只靠印票子也不行，所以

“要整体推进财税、金融、投融资体制改革，解决好重大基础设施项目、市政项目、实体产业部分资金循环不畅问题”。

5. 政治局高度关注房地产市场的变化：房地产市场救不起来，保增长没希望。我在微博已经提过，这次政治局会议难得提到了房地产，说“要完善市场环境，盘活存量资产，建立房地产健康发展的长效机制”。这三句话没有新意，却透露出一些基本信息，意味着高层领导态度的转变：一是要继续救市，促进交易规模提升；二是承认房地产的市场环境一直不理想；三是承认市场的震荡；四是肯定了房地产产业在中国经济中举足轻重的地位。

6. 对各界喊话，稳定民心。最近经济形势严峻，舆论混乱，导致人心不稳。某些文章的观点引起了社会各界尤其是民营企业家们的疑虑和担忧，海外媒体也对中国的治国方略变化有一些议论。人心惶惶对发展大局不利，所以政治局特别强调“中央坚持国有企业改革方向没有变，依法保护民营企业产权方针没有变，坚持对外开放和利用外资政策也没有变”。

7. 推出一个“保增长”和“促转型”相结合的新抓手——京津冀协同发展，并上升到重大国家战略层面。战略的核心是有序疏解北京的非首都功能，调整经济结构和空间结构，走出一条内涵集约发展的新路子，探索出一种人口经济密集地区优化开发的模式，促进区域协调发展，形成新增长极。京津冀交通一体化、生态环境保护、产业升级转移是战略重点。我相信后续工作力度会很大，北京的空气质量会有所改善，但有些目的如疏散北京市人口的想法恐难以如愿。

## 政府有意，市场无情
### ——强刺激组合拳可能被迫推出！

（2014 年 11 月 25 日）

央行突然发布消息，从 11 月 22 日起，贷款和存款基准利率下调：一年期贷款基准利率下调 0.4 个百分点至 5.6%；一年期存款基准利率下调 0.25 个百分点至 2.75%。另外，存款利率波动区间的上限，由基准利率的 1.1 倍调整为 1.2 倍。我之所以说“突然”，是因为比我预料的时间早一点儿——按照此前中央政府和央行的态度，我原来推测此政策要到 12 月份才可能推出。

## 一、被逼无奈的调整，姗姗来迟的进步

此前，包括我在内的很多学者都在呼吁放松信贷管制。面对经济增长形势的不断恶化，虽然中央政府也不断向市场做出让步，默许了地方政府救市，并希望房地产市场景气线回升，但却一直不愿意明确回到放松房地产市场管制的思路上来。直到11月21日，央行宣布出台信贷新政，中央政府终于用行动宣告：无论房地产业还是其他行业，必须一起救起来，要采取有力措施，扭转经济增长下滑的趋势。

尽管央行在其官方声明中把这次调整称为一个中性政策操作，说它并不代表货币政策取向发生变化，但我认为这其实是“此地无银三百两”。

此前面对不断下滑的经济增长率，政府迟迟没有推出有效的救市措施，原因可能有四：一是源于对经济规律特别是房地产市场规律和房地产行业地位的认识不到位；二是源于对其他救市措施如在高铁、地铁、水利、水电、核电、公路、棚户区改造等领域正在进行的巨大投资活动可能产生的效果的误判；三是鉴于上一届政府大规模救市留下的产能过剩现实和舆论诟病，本届政府不希望再回到“房地产业救中国”的道路上，让大家重新议论“又走老路”；四是新的发展思路——“调结构、促改革、惠民生”的提出，也降低了对经济增长速度的要求，不希望既有安排这么快就被打乱，否则会影响到执政能力和政治形象评价。

由于上述四个基本原因，再加上不得不考虑控制M2增长速

度和地方债务规模，政府在这次全面降息前始终不肯全面救市。货币政策被逼无奈松动时，也采用定向降准等“滴灌”措施和一些隐蔽措施，如利用中期借贷便利（MLF）来增加流动性。但是，完全没想到的是，采取了那么多措施，不但没有明显效果，还产生了加速下滑现象。无奈之下，不得不暂时放弃此前的发展思路，出重手救市。

虽然这次全面降息政策比我预想的推出时间要早一些天，但与我真实的愿望和调控主张相比，却是姗姗来迟。按我个人的看法，一季度经济增长速度大幅下滑数据出来后，就该尽快采取有力措施，制止下滑趋势的形成。当时我就预感到下滑可能会出现加速度现象，因为长期打压房地产市场可能出现累积效应，而进出口和消费的增长又陷入了困境。后来的事实是，下滑速度出乎了意料，等待其他投资效果又进一步延误了救市时机。当然，尽管全面救市姗姗来迟，但救就比不救好，毕竟想法改变了——尽管来得晚，尽管不彻底，总比不来好。

## 二、这一拳被逼无奈，这一拳暗藏玄机

国民经济增长速度的“降熄”（下降、熄火）趋势，引来了这次降息政策。大家知道，去年底政府在部署今年的经济工作安排、撰写今年人代会的《政府工作报告》时，还信心满满，觉得7.5%的经济增长目标是可以实现的。为了留有余地，政府第一次在目标增长率后面加了个“左右”，以防止意外情况发生。按

照当时的想法，超过 7.5% 是很可能的，最好达到 8%，最低也不会低于 7.2%。但一季度的经济增长速度出乎意料，于是政府尝试着改口，由不刺激变为微刺激。等到二季度数据出来，发现压力依然很大，开始暗中使劲儿，加快基础设施建设项目的审批速度，加快棚户区改造速度，实际上变成了中刺激。等三季度数据出来后，宏观经济政策在某些方面变成了强刺激政策，仅仅铁路投资计划就不断修改，由年初的 1 500 亿元投资规模，改到了今天的 1 万亿元左右。

在不断加力的救市过程中，政府动用了信贷手段。但让人感到意外的是，尽管采取了很多定向降准、中期借贷便利等信贷松动措施，社会融资规模却在衰减，经济增长显示出继续往降速、熄火方向发展的趋势。根据央行 11 月 14 日发布的金融数据，10 月份社会融资规模为 6 627 亿元，比上月少 4 728 亿元，比去年同期少 2 018 亿元。2014 年 1—10 月社会融资规模为 13.59 万亿元，比去年同期少 1.24 万亿元。10 月末，广义货币（M2）余额为 119.92 万亿元，同比增长 12.6%，增速分别比上月末和去年同期低 0.3 个和 1.7 个百分点；狭义货币（M1）余额为 32.96 万亿元，同比增长 3.2%，增速分别比上月末和去年同期低 1.6 个和 5.7 个百分点；流通中货币（M0）余额 5.77 万亿元，同比增长 3.8%。10 月份净回笼现金 1 153 亿元。仔细分析社会融资总量的结构变化会发现，内需，特别是中小企业需求依然疲弱。另外，银行资产负债表上的票据贷款规模同比增长了 42%，说明银行加强了风险管理，倾向于发放这类低风险的贷款。在 10 月份房贷政策放松之后，反映住房抵押贷款情况的中长期零售贷款同比增幅从9月份的17.8%降至17.3%，这在一定程度上说明住房抵押贷款额度也依然吃紧，利率仍然偏高。

很明显，央行的流动性释放并未有效传导到商业银行的贷款投放上。可能是流动性释放规模还不够，也可能是由于产业链作用，定向降准降息措施对缓解流动性的作用有限，另外MLF期限较短，商业银行不愿匹配长期资产（所以新增票据融资仍然维持高位），而且MLF利率仍然偏高，对压低商业银行的负债成本来说，效果不理想。为阻止经济增长的颓势，政府被逼出台了这次利率全面调整政策。

这次利率调整，不再把房地产业排除在受益者范围之外。房贷利率将随之下调（包括公积金贷款利率），对于打算贷款买房，以及已购房、采取浮动利率合同的家庭来说，节省利息开支是显而易见的。这次调整对老百姓的好处还在于，银行存款利率极有可能上升。为获得更多存款，各家银行会竞争，原来存款利率上限是基准利率的1.1倍，现在变成了1.2倍。商业银行会开出更高的利息吸纳存款。

这次利息调整其实有三个看点：一是力度较大，降息幅度不是0.25个百分点，而是0.4个百分点；二是不再“滴灌”，全面覆盖；三是将房地产业纳入调整的受益范围之内。这三个看点释放出三个积极信号：第一，积极救市；第二，全面救市；第三，依靠房地产业救市！

这三个信号意味着政府的调控思路已经发生了根本变化，宏观经济政策公开进入“全面救市、全力保增长”的强刺激阶段（此前在政府基础设施建设方面已经进入强刺激阶段，但没有公开宣布其投资总额，而且作为互相扶助的货币政策还处于中性状态，但现在已经彻底转变）。而且对房地产市场的排斥、打压将进一步放松，让房地产业在救市中继续发挥主导作用已经成为不言自明的事实。

## 三、独拳难扭颓势，组合政策可能来临

这次利率调整对经济增长的意义的确很明显，不仅可以降低企业和家庭的融资成本，还极大地影响了预期，促进交易行为的发生。但是，我认为，尽管这一拳力度还可以，但由于没有跟降准等措施结合起来，对真实流动性的改善意义还是不够的。

政府似乎在观察这次调控的效果，想以此为基础研究下一步的动作。但我觉得不应该再等了，不能等这次降息政策的威力消失了再补上一拳，这种策略在与衰退格斗中是没有杀伤力的。我建议尽快追加其他救市措施，配合降息政策，这样才可能形成合力，产生明显的效果，否则这次利率调整的作用可能很快被市场上较强的负面情绪和唱衰舆论吞噬掉。为此，我提出几点建议：

### 1. 降息必须与降准结合起来

可能有些粉丝不是财经专业的，不了解降准的含义。这里我赘述一下：降准就是降低法定存款准备金率。存款准备金是指金

融机构为保证客户提取存款和资金清算需要而准备的在中央银行的存款，中央银行要求金融机构的存款准备金占其存款总额的比例就是存款准备金率。存款准备金是以法律形式规定的，是一个风险准备金，是不能够用于发放贷款的。这个比例越高，信贷政策的紧缩力度就越大。当央行提高法定准备金率时，商业银行可提供放款及创造信用的能力就下降。因为当准备金率提高时，货币的乘数就变小，从而降低了整个商业银行体系创造信用、扩大信用规模的能力，全社会的银根就变得紧张，货币供应量减少，利息率提高，投资及社会支出都相应缩减。而当央行降低存款准备金率时，金融机构可用于贷款的资金增加，货币的乘数效应就变大，社会的贷款总量和货币供应量也相应增加。

如果仅仅降息，实际等于对信贷资金实施了限制价格，价格的降低肯定会刺激需求。但对信贷资金的需求原本就是旺盛的，主要是供给严重不足，出了问题，银行借机将利率上浮，才加重了信贷负担。而且上浮利率也未必能得到贷款，仍有一些企业被逼无奈使用民间高利贷或进行非法集资。所以，现在最重要的问题是要补充市场的流动性，只是降息，不增加货币供应，就意味着银行利益受损，银行会消极对抗，信贷供应未必增加。若将存款准备金率的下调与利率下调结合起来，救市的效果就可能明显好转。

### 2. 要求国有控股银行讲政治，适度牺牲利益

这一年来，我们明显看到了中央政府与商业银行在利益上

的冲突，具体表现就是央行的宏观经济目标与商业银行的自利取向已经不可调和，很典型的例子是不久前的按揭利率七折政策无法落实，市场很失望。

我们承认四大国有控股商业银行是企业，有自己的利益追求，但当这种利益追求与中央的宏观经济管理目标发生明显冲突时，应该以哪一方为重？

大家都知道，在特殊情况下这些国有控股商业银行必须自觉服从、服务于党和国家发展大局，体现国有资本意志。但对其中的原因很多人说不清楚，因为这些人只记得“市场经济体制”，忘了“中国特色”或没有深究“中国特色”的实质。这些银行是国有控股的，是典型的央企，只是鉴于行业的特殊性，专门成立了银监会管理他们，没有交给国资委。国家是主要投资者，国家觉得这些银行应该牺牲经济利益时，银行的经营方向就要调整，这是资本市场的规则。连总行行长都是中组部任命、按照副部级进行管理的，而且还要求其兼着总行党组书记。所以，当特殊情况发生时，这些银行必须讲政治，牺牲利益。行长们在相关重要会议上总是说“要全面把握党的路线方针政策和十八大确定的各项任务，坚定不移贯彻党和国家关于金融发展的战略部署，确保中央意图顺利传导到基层，在确保政令畅通中广泛凝聚科学发展共识，以思想上的统一促进步调一致、团结奋进”，现在可能到了考验他们的时候了。另外，若不单纯降息，而是把降息与降准等政策组合起来使用，银行的利益未必受损。

### 3. 取消限购限贷，提升高收入阶层的购买力

我认为，这十多年来，最糟糕的房地产政策，就是限购限贷政策。我在内部讲课和演讲时，一直说这些政策违反经济规律，危害巨大：

（1）限购限贷政策导致很多合理需求无法实现，包括改善型需求、养老需求、学区房需求、度假需求等。

（2）限购限贷政策导致供应波动增大，强化了上涨或下跌幅度，行业稳定性变差。

（3）限购限贷政策通过房地产行业自身及产业链的作用，导致 GDP 增长率下降。

（4）限购限贷政策导致房地产行业不能按正常的市场需要组织经营活动，行业规模增长受到抑制，进而导致失业率上升。

（5）限购限贷政策导致土地出让和房地产开发经营活动受到影响，进而导致地方财政收入下降，有些年份甚至急剧下降，影响到政体运转。

（6）限购限贷政策可能导致退房潮出现，大量合同无法执行，房地产开发行业与老百姓之间的冲突增加，影响稳定，破坏社会秩序。

（7）因为地方财政收入会受到严重影响，限购限贷政策还导致保障房建设压力大大增加，甚至停滞，诱发保障房建设中大量的弄虚作假、变相应付中央政府的情况。

我一直是积极呼吁取消限购限贷政策的学者，因为这一主

张，很多人攻击我，甚至上升到政治高度打击我。此前我的主张很难与中央政府的决策思维对上频率，现在经济形势急剧恶化，最主要就是房地产形势恶化所导致的，我所预料的结果全部出现了。年初，政府也被迫做出让步，提出“分类调控”说法，默许各地救市。住建部甚至提出今年最主要的任务就是去库存，说白了就是帮助开发商卖房子，回收投资。但是，北、上、广、深及三亚等关键的、具有风向标性质的城市，限购还没有取消，市场机体的“胸口”还压着几块石头。下一步应该解除对它们的限购规定，这些一线城市需求的恢复必然会激励二、三线城市交易量的上升。

现在最关键的是，限贷政策只是有所松动，并没有彻底取消，一些高收入或中偏高收入阶层的购买力难以有效释放出来。高收入或中偏高收入家庭有两三套甚至更多套房子很正常，他们是租赁市场的供应主体。没有这部分人做投资者，那些无法纳入住房保障范围、暂时不想买房子、暂时不能买房子、暂时买不起房子的人或家庭就无处居住，城市化进程无法有效推进，人口流动难以顺畅。只要认可租赁市场存在的必要性，就应该承认高收入或中偏高收入家庭购买多套住房的权利，而且他们的出现间接缓解了政府住房保障的压力，其实是帮助了政府。很多高收入或中偏高收入家庭从事投资或经营活动，有贷款记录很正常，他们也善于利用贷款赚取利润。一定要他们还清第一套房子的贷款，再买房时才能给予 70% 的贷款，显然只是开了一道门缝，而没有把门打开，能进入的购买力自然也就有限。毕竟房地产是价值量巨大的商品，能拿全款购买的很少。即使拿得出来，由于没有杠杆回报，很多人觉得不合算，也不会进入市场。而大多数低收入、中等收入家庭，他们或者买不起房子，或者买一套后就长期无力再进入市场成为购买主体，允许他们还完贷款后，再贷款买房，有多大效果呢?

### 4. 尽快动用其他调控手段，形成合力

这次利率调整，好像是自2012年7月以来央行第一次全面下调基准利率。在市场交易疲弱，CPI、PPI不断走低，增长势头恶化的背景下，降息本身是中央政府的必然选择。此前我一直在批评中央政府羞羞答答、扭扭捏捏地救市，力度不够，浪费了政策资源，就是希望有全面降息、降准等政策出台，及早制止下滑趋势，防止出现加速度现象。

既然已经全面降息，就说明中央政府开始调整发展思路，开始全面救市。可能政府在提升近期增长预期和降低企业融资成本方面想做大的努力，防止下滑出现不可控局面。

我说了，以我的判断，这次全面降息很必要，但远不够，只靠此措施不会取得显著效果。所以我在前面强调了要把“降息与降准结合起来”等几条措施。如果可能，还应该再采取其他一些措施，以便形成巨大合力。

（1）尽快调整对房地产的系列政策，让房地产需求回升。我在《楼市必须救，大厦不能倾——关于救市的“董氏药方”》一文中，已经讲得很清楚。除了本文前面已经提及的措施外，还包

括中央政府明确宣布紧缩未来几年的建设用地供应，放缓棚户区改造进程，先解决好去库存问题，以及通过中央文件重新承认房地产业的支柱、主导和先导产业地位等。还有个税抵扣、契税减免、二手房交易所得税减免等可以考虑的措施。

（2）在降准、降息基础上，相机抉择，使用其他政策调节货币供应情况。可以考虑的政策包括抵押补充贷款（PSL）、常设借贷便利（SLF）、中期借贷便利（MLF）和公开市场操作等定向量化措施。在必要的情况下，还可以对存贷比的计算口径进行调整，进而扩大流动性。

（3）采取减税措施，减轻企业压力。中国企业的税收负担是比较重的，很多中小企业长期靠偷漏税减低成本，求得生存。由于中国的政权体系开支庞大，每到困难时期，企业的税收负担往往不是减轻了，而是存在增加趋向，甚至被逼跨年度预缴。这对经济增长的恢复非常不利，很多小企业被迫关门歇业。以当前的情况看，我认为减税、免税比对小企业进行信贷“滴灌”更有效，也避免了银行的某些信贷风险。我主张中央政府减少一些大规模基建投资计划，用节省的支出对冲因为减税带来的收入下滑，这样可能更有效。

## 楼市必须救，大厦不能倾
——关于救市的“董氏药方”

（2014 年 11 月 10 日）

### 一、压力越来越大，心情越来越急，局面越来越尴尬

今年第三季度经济增长率放缓至 7.3%，为五年半以来的新低。应该说，目前经济形势确实不景气，经济增长状况出乎了意料。

面对经济下行压力，中央政府出台了不少稳增长举措，近期各种政策更是密集推出。而且这几年一直被舆论

所诟病、官方过去也认为不可取的大规模投资计划也浮出了水面：一方面加快铁路、公路、地铁、水利、水电、核电等基建投资，同时房地产限购、限贷也开始松绑；另一方面央行采取定向降准及向国有控股大型银行、股份制商业银行释放 SLF 资金等措施，提供流动性支持，降低融资成本。

近几年来，学术界和整个舆论都在反思“次贷危机”后的救市政策，对“信贷放水”做法深恶痛绝。但不久前，央行已经公开承认了三季度曾大幅放水 7 695 亿元，只是没有选择降准这样的常规措施，而是采取了其他只做不说的办法。不过，似乎市场很不给面子，效果很有限。很快，10 月份的经济重磅数据就会公布出来，估计也不会有令人振奋的消息。从近期接连不断的座谈会（实际上是咨询会议）、参加最近一次座谈的几位经济学家（过去较受冷落的几位经济学家也受到了邀请）及其一贯观点来看，政府对形势比较着急，估计经济政策会进一步放松。

从现在的情况看，今年 7.5% 的 GDP 增长目标肯定是保不住的。即使修改统计方法，可能也只是接近 7.5% 而已。这还是在政府采取强刺激的情况下取得的经济增长结果。这就使得新一届政府面临着困难局面：即使今年勉强交上答卷，舆论怎样评价？人民是否满意？因为在过去三十多年里，按惯例 GDP 都是超增长目标的。更令人尴尬的是，明年的 GDP 增长目标如何确定？

## 二、缘木岂能求鱼?——必须尽快回到“房地产业保中国”的思路上来

中共中央对经济高速增长的意义高度看重:这不仅是实现中国在世界民族之林扬名立万的基本途径,也是增强中国与西方国家抗衡能力和提高中国在国际社会话语权的主要手段,更是保持国内社会秩序基本稳定的前提条件。所以,无论是中共“十八大”还是十八届三中全会,以及中共中央出台的《改革决定》,都强调“坚持发展仍是解决我国所有问题的关键这个重大战略判断,以经济建设为中心”。但是,从目前世界经济格局及未来演化趋势看,出口增长将长期受挤压,难有大作为;消费较稳定,然而也不太可能对扭转长期下滑的增长趋势做出令人刮目相看的贡献。要保增长,眼下只能靠投资。

近期经济增长速度下滑的主要原因就在于投资增速放缓,毕竟中国经济增长长期而且至今仍主要靠投资来推动。今年全国投资增速或将降至15%,远低于去年19.6%的水平。而投资增速的下滑主要表现在两个方面:一是房地产投资增速的下滑,这主要是长期打压、限制市场带来的结果;二是工业投资增速的下滑,这主要源于长期粗放投资带来的产能过剩。由于技术含量低、产品质量低、产品美誉度低,再加上人民币汇率上涨和劳动力成本上升的两面夹击,从长期看,工业投资没有多大潜力可挖,PPI指数的连续下滑早已经把答案告诉了我们。

有些经济学家和官员错误地认为政府手里仍然有好牌,可以

不靠如上两种市场化的投资类型。政府搞基础设施建设虽然可以负债推进，但铁路、地铁、水利、公路这些投资项目，产业链稀疏且细短，对经济增长的拉动作用很有限，基本上可以用“事倍功半”来评价。而且由于经济增速下滑、财政收入增速下降，这种扩张性的财政政策也不可持续。

还有些经济学家和官员认为，政府可以靠加大保障房建设力度来拉动经济增长，减轻对商品房投资的依赖。但经济增长速度下滑，不但税收征缴额增速会明显下降，土地出让金收入也可能明显下降。且经济衰退又可能导致下岗、失业人数的增加，这就意味着各种救济和补贴的增加。此时政府办公运转困难，甚至开工资都会受到威胁，哪还有钱搞保障房建设呢？

甚至有极端的学者认为可以不要房地产业，靠建筑业拉动经济增长。这等于否定了住宅、商业设施和写字楼的商品属性，完全回到了计划经济时代。这意味着所有的投资都是政府掏钱干，重新回到分公房时代，而且还要把所有的非公经济成分通过剥夺方式重新变为国有。这可能吗？我们之所以要改革、要否定计划经济，就是因为那条路走不通。

分析来分析去，靠投资就离不开房地产业，它是还存在巨大需求的行业。如果银行给某市民家庭 100 万元贷款，我们会发现，他全家不会坐在饭店里大吃三个月，不会在全世界范围内到处旅游，也不会买很多消费品堆积在家里，只会拿钱去买房子，少量的家庭可能想到买车。但汽车行业的需求规模在房地产需求面前几乎小到不值得一提的程度。房地产行业需求规模大、市场交易额大、投资规模大，去年仅商品房交易规模就达到了 8.1 万亿元。这还是按照窄口径即官方认可的房地产业的含义统计的。窄口径的房地产业在 GDP 增长中的贡献大约占 1/3。即使不包括农村的房屋建设，仅仅加上应该计入但官方不认可的小产权房、军产房、城中村自建房、单位违规自建房等类型，房地产业对 GDP 的贡献率就可能上升到 50% 左右。其实，只要想想在百姓家庭和全社会财富结构中房屋与土地占多大比例，就不难想通这个问题。

房地产业不但需求规模、投资规模巨大，更重要的是产业关联度高，通过前向关联、后向关联、侧向关联，它几乎把整个国民经济连接为一体。这样，它的拉动效应就极强。全世界范围内的普遍现象是：房地产业兴，则国民经济兴；房地产业衰，则国民经济衰。即使在美国这样的发达国家，房地产业至今仍然是第一大支柱产业，2011 年房地产业对美国全年经济的贡献率达到 13%，而号称雄霸世界的金融和保险业，贡献率只有 8%，乖乖地坐在“小弟弟”的板凳上。

不管明年 GDP 的增长目标确定为多少，对房地产市场的管制放松都是必然趋势。因为如果市场交易恢复状况不够理想，后面政府卖地的状况也不会理想，明年的开发投资增速就会进一步下滑，导致整体投资规模下滑。这不但会使 GDP 增长目标难保，中央和地方财政收入增长都将遭受重创。在整个房地产行业高增长过程还没有结束，而其他行业大多数供应饱和的大背景下，国民经济越衰退，对房地产业的依赖就越强。

## 三、救起房地产市场其实易如反掌

毫无疑问，经济增速的下滑，打乱了此前的“调结构、促转型”等发展思路。中央政府是希望市场交易尽快恢复、经济继续高速增长的。但为什么努力很大、效果很差呢？现在来看，GDP增速的持续下滑以及当前困境的出现，主要是由稳增长的思路和方案不对导致的。那么，下一步继续对房地产实施救市，有什么妙招呢？

### 1. 中央政府明确宣布在全国范围内取消限购限贷政策

我过去多次说过，这种救市态度和救市政策，虽有作用，但难以取得理想效果。如果中央政府出台政策，明确宣布在全国范围内取消限购限贷，肯定会极大提振市场信心，整个社会都会受到鼓舞，毕竟房地产业直接、间接联系着国民经济体系中60%以上的行业、大约50%的就业，以及60%以上的地方本级财政收入，必须通过取消限购限贷的方式，让交易回升，改变市场主体的信心，让投资者少些担心。其实取消这些行政性政策根本不是刺激市场，只是解除原本就不该有的约束手段，相当于剪断捆绑市场正常运行的绳索。

有人可能认为，限购政策在大部分城市已经取消了，作用不明显啊。这其实与一线城市没有取消，而且限贷政策虽有松动但没取消有直接关系。当年这项政策是在国家级层面推出并要求各地落实的，留着一段小尾巴算怎么回事？是提醒其他城市打压没有彻底解除、随时可能继续收紧政策吗？一线城市是房地产市场的风向标，如果限购取消，限贷也取消，交易量必大涨，进而激励二、三线城市乃至全国市场交易的逐步恢复。现在政府不敢取消一线城市的限购限贷政策，不仅仅是想控制房价，他们自己也知道长期看这种控制没有用，可能他们更想借此控制人口规模，减缓不断增加的承载压力。但这种思路完全不对，也根本不可能控制人口增长。在全世界大都市发展史上，反而是放开房价，通过居住成本的上升，渐渐抑制了人口的过度聚集。

### 2. 中央政府明确宣布紧缩未来几年的建设用地供应

房地产高增长的过程没有结束，但部分地区阶段性过剩局面确实出现了。而且这些地区人口增长缓慢，甚至出现了人口净流出现象。不尽快采取措施解决好这些地区的供求失衡问题，可能引发很多经济纠纷和社会冲突，直接威胁到社会稳定。尽管在供应过剩的情况下政府想卖地也不容易，但毕竟土地市场的供应不是纯市场行为，存在低价、超低价供地的可能。因此，一些房地产存量过大的城市，特别是三、四线城市，未来三年必须严格控制土地供应，要明确其调控工作的着眼点是去库存，而不是继续开发。

有些人把某些城市过剩局面的出现当作市场失灵的表现，其实错了，这种情况恰恰是打压房地产市场、干预价格的结果。我可以负责任地说：若没有房地产调控，今天房地产市场的局部过剩问题不会出现。真正懂经济学的人都该知道，价格的第一功能就是传递一种信号，告诉市场主体供给、需求状况，进而调控投资流向，引导资源配置，如同天气预报可以引导大家如何穿衣服一样。

既然如此，让市场慢慢消化，不干预行吗？可以，但代价太大，而且要防止基于土地财政的需要，地方官员乱干，恶化局面。如同已经生病了，最好的方式是积极治疗，而不是等着自愈。如果明确表态并严格限制一些城市的土地供应，无论是实际效果，还是对预期的改变、信心的提升，都大有意义。开发商不必杀价恶性竞争了（房地产的需求演化特殊，恶性竞争对改变全局状况是没有用的，会使总需求进一步沉淀），需求者陆续进场了，银行的看法改变了，进而可能尽快扭转危险局面。

### 3. 放缓棚户区改造进程，先解决好去库存问题

国家的《“十二五”国民经济和社会发展规划（纲要）》提出，在“十二五”期间要建 3 600 万套保障房和棚户区改造住房。据说在头三年，开工超过了 2 500 万套，基本建成约 1 500 万套。从 2013 年开始，为应对经济增长速度的下滑，棚户区改造开始提速。去年 6 月，李克强总理主持召开国务院常务会议，研究部署加快棚户区改造。会议决定今后五年再改造城市和国有工矿、林区、垦区的各类棚户区 1 000 万户。7 月，国务院办公厅发布《关于加快棚户区改造工作的意见》，要求五年改造城市棚户区 800 万户，改造国有工矿（含煤矿）棚户区 90 万户，改造国有林区、棚户区和国有林场危旧房 30 万户，改造国有垦区危房 80

万户。在 2014 年 4 月 2 日的国务院常务会议上，加快棚户区改造被再次强调。截至 6 月末，仅国家开发银行就新增承诺棚改贷款 6 760 亿元，是去年同期的 18 倍。加上其他途径的信贷资金，估计对棚户区改造的支持力度明显超过 1 万亿元。

我不掌握准确数字，估计在棚户区改造项目的建筑面积中，除不可售面积外，只有不到 40% 用于解决原居民的改善问题，60% 以上变成了正常的商品房供应。这就产生了一个问题：如果供应短缺或供需基本平衡，这样做基本是对的，也体现出政府的保障职责（尽管我不赞同实物保障思路，更反对过度保障，但搞保障肯定比不搞保障强），但在目前的市场情况下，如果不放缓棚户区改造速度，就意味着在市场存量难以消化的情况下，又生产出大批商品房。这就会进一步恶化市场供求状况，对冲掉很多救市、去库存的努力。

4. 降低存款准备金率和利率水平

2014 年 4 月 25 日，央行下调县域农村商业银行人民币存款准备金率 2 个百分点，下调县域农村合作银行人民币存款准备金率 0.5 个百分点。2014 年 6 月 16 日，央行宣布对符合审慎经营要求且对“三农”和“小微”企业贷款达到一定比例的商业银行（不含 4 月 25 日已下调过准备金率的机构）下调人民币存款准备金率 0.5 个百分点。9 月和 10 月，央行通过中期借贷便利（MLF）向国有商业银行、股份制商业银行、较大规模的城市商业银行和农村商业银行等分别投放基础货币 5 000 亿元和 2 695 亿元，期限均为 3 个月，利率为 3.5%。为防止舆论攻击，这些定向滴灌措施都指向了“三农”企业和“小微”企业等。央行 7 月、9 月和 10 月又三次下调 14 天期正回购操作利率共 40 个基点，也出过定向的降息政策，用比较低的再贷款利率向特定的金融机构，比如国开行提供支持，使得国开行以比较低的利率投向基础设施。以上这些措施基本与房地产市场无关，为防止流向房地产业，都特意做了隔离，但那些被扶植企业恰恰是很难救起来的企业。

在邯郸等地房地产市场出事后，由于担心形势继续恶化，引发严重危机，迫于压力，央行、银监会 9 月 30 日联合发布《关于进一步做好住房金融服务工作的通知》，对拥有一套住房并已结清相应购房贷款的家庭，按首套房贷款政策执行。且明确首套房贷款利率下限为基准利率的 0.7。但这个政策没得到全面执行，很多买房者在等 7 折利率优惠，这反而加剧了观望、等待情绪。

如果房地产业得不到信贷的大力支持，救市是无望的。此前去过不少国家，我发现中国房地产贷款是最难的，利率也是最高的。其实整个实体经济的融资成本都过高，都需要信贷支持。基于制度的原因不谈，商业银行毕竟是企业，有自己的小算盘和切身利益。有些地方政府被逼无奈松动公积金政策，但额度少，作用很有限。不过这种调整反映出地方对中央信贷政策的无奈和反感，只是不敢明说而已。现在看来，不全面降准、降息，只是“滴灌”，肯定不行。其实，存款准备金率过高也抑制商业银行的活力，也使得银行的信贷指标“稀缺”，不愿意按照基准利率放贷，更不愿意去落实赔本的 7 折政策。

### 5. 通过中央文件，重新承认房地产业的支柱、主导和先导产业地位

我在上课时，一直强调的一个观点是: 对房地产业的地位，最高决策者、主管部门以及全社会的认识都存在严重不足甚至缺陷——它在国民经济中既是支柱产业，又是主导产业，还是先导产业。

支柱产业是指在国民经济体系中，对整个经济增长、就业和财税收入起支撑作用的产业。这种产业一般需求规模大、投资规模也大，在整个 GDP 的形成过程中，具有举足轻重的作用，整个国民经济和社会发展对其依赖性较强。房地产业显然具有这样的特点。

主导产业就是在国民经济中起主导作用的产业，它的产值在国民经济中肯定要占有较高比例，但通常更强调该产业在国民经济体系中关联度强，对其他产业和整个经济发展有较强的带动作用。主导产业对一国或一个区域的经济增长速度与质量具有决定性影响，其较小的变化足以影响其他产业和整个国民经济的明显变化，从而引起经济高涨或萧条。房地产业也具有这样的特点。

先导产业就是那些在经济发展过程中，具有先决条件性质的产业，即具有“这个行业的发展是其他行业发展的前提”之特点。典型的先导产业就是交通和房地产业，它们往往是一个区域经济开发中最先被大量投入的行业，因为它们是其他行业发展的条件或者投入要素。在一个国家或区域经济起飞的初期，先导产业的

增长速度往往超过 GDP 的增长速度，并且保持着持续增长状态，对产业结构的协调性也有较大影响。

房地产业的这三种地位，既不是御封的，也不是法律规定的。它是客观事实，也是经济规律的体现。长期认识不到位，导致认识错误，舆论混乱，甚至引发了对这个行业持续而严厉的打压。要救市，理应先给这个行业应有的认可，恢复名誉，然后才可能有科学的决策。更重要的是，这会释放出强烈的支持信号，也避免了主流媒体的继续唱衰——要知道，很多人需要房地产，也有购买力，之所以迟迟不下手，就是受了舆论特别是媒体的影响。

## 四、关于“董氏药方”的题外话

关于中国房地产业的学习和研究，我已经持续了 28 年。在这个过程中，我深感学无止境，也渐渐有了一些自己的独到体会。二十多年来也接触过不少外国高校的学者和世界顶级投行的研究专家，我感觉他们对中国市场的了解很有限，完全不熟悉中国的国情背景、基本制度、市场运行规则，由此导致他们的一些结论基本没有参考价值。在中国学者中，关注这个行业并认真学习、研究达 28 年的也不太多，我应该算其中之一了。所以，我自认为不算外行，胆子也就格外大些。每到关键时刻，对形势、政策我都要表表态，希望贡献出一己之力。我也深感大家在房地产知识方面的匮乏与渴望，投入了大量时间、精力，积极从事房地产 EMBA、房地产总裁班以及房地产投资理财的教育和培训工作。

作为教授、博导，我希望利用体制外相对方便、宽松的条件，从人才培养的角度，促进这个行业的健康发展。

但是，十多年来的房地产调控实践以及围绕调控进行的争论，使我深深感到，一个学者的力量还是很微弱的，尤其是在房地产问题已经被政治化、道德化，房地产行业已经被妖魔化、娱乐化，房地产争论已经敌对化、暴力化的今天，房地产行业的掣肘和冲突常常使我这个专家感到郁闷、无奈。在微观层面，我可以从房地产投资中轻松赚到大笔的钱，也帮助过很多购房者设计出安全且高回报的投资置业方案，但却无法把这个行业引到健康发展的轨道上来。尽管我曾经在参政议政方面取得过突出成绩，意见或建议几十次上报领导，对决策产生过多次积极影响，但今天我着实感觉到了悲哀与无力：

——这个行业十多年来因为政策付出的代价是巨大的，影响是深远的。我不愿意看到这一切，但这一切真实地发生了。

——前些年当大家都认为房地产市场病得严重，而我认为毛病不大，是大家的思维出了问题时，大家都认为是我有病。

——当大家把原本没啥大病的房地产市场蹂躏出了大病，真需要治病，而且需要大调理时，大家又说：既然是搞市场经济，就不要管啦，让它自愈吧，谁给它治病谁脑袋有病。

所以，我写这篇文章，直接目的已经不是为了再次影响决策，而主要是写给信任我的粉丝，我希望他们提高对行业的认识，加深对经济形势的理解水平。

所以，我写这篇文章，并不是非要替开发商说话不可，让开发商有再“嘚瑟”、再“嚣张”的机会，而是要告诉大家问题可能出在什么地方，如何把握住正在消失的机会。

所以，我写这篇文章，是希望避免损失和低效，这是基于学者愿望的善良表达。

我只想大家都能以大局为重，尽快采取有力措施，不要因为一个行业的震荡带来国民经济甚至社会的大震荡。

我还想说的一句话是：若建议意外被采纳，我坚信能帮助政府在中短期内救起楼市，但无法避免远期的震荡——那不仅是市场问题。

我想起了九年前写“两万言书”（《关于房地产业的十七个观点与两万言书》）时，在结尾引用的《诗经》里的一句话：“知我者谓我心忧，不知我者谓我何求”，就再次将其作为结尾吧！

## ■ 没有房地产业保不住中国

（2010 年 9 月 9 日）

虽然我是媒体比较关注的学者，但很多记者都知道，除了央视、《人民日报》等少数媒体、参加论坛活动时主办单位安排的媒体和自己熟悉的记者外，我很少接受采访。原因是我很怕记者，他们以往对我观点的报道，有一些不准确甚至很不准确，有的报道的记者甚至根本没采访过我，可能他知道我一般不会跟他打官司。

但是，我今天非常希望媒体关注我的观点，因为今天我要斗胆向中央政府和各级地方政府高声呼吁：没有房地产业保不住中国！我还会提到一系列十分重要的观点，概括起来就是：总体上看，中国政府、学术界、舆论界关于房地产的80%的观点都是错的；国外学术界和媒体对中国房地产市场的大部分判断更是可笑！但是，所有这些错误的认识、判断一直并会继续影响着中国的决策，如果不加以校正，不但会导致二次探底，还会进一步激化社会矛盾，降低民众对政府的认可程度，把中国引向危险的境地。

## 一、大陆房地产的尴尬境地

有人曾在我博客里留言讲了个段子：说有个兄弟往屋里走，一推门，愣住了，大嫂在洗澡，大嫂说："你对得起你大哥吗？"这个兄弟一转身，要走，大嫂又说："你对得起我吗？"于是这个兄弟待在那里，进不能进，退不能退，最后大嫂说了："你对得起你自己吗？"不能进，不能退，也不能原地待着。这个兄弟是谁？就是中国的房地产业！今天，房地产业怎么做都不对了，进也不对，退也不对，原地不动还是不对。

## 二、2009：没有房地产业救不了中国

由于经济社会发展过程中出现的一系列偏差以及国际经济危机的影响，2008年下半年开始，中国经济一度陷入困境。本着提醒政府调整政策的目的，我在2009年1月进行了一场题为《没

有房地产业救不了中国》的演讲。这场演讲曾把我又一次抛向舆论的风口浪尖，媒体恶搞了我半个多月。但是我说对了——2009年，一手房、二手房累计成交了大约7万亿元，如果加上农村建房、单位内部集资建房、小产权房、城中村自建房、房改房的销售额或者成本（部分不销售），我估计不会低于12万亿元，一个行业就能赶上甚至超越整个社会商品零售总额。是我们的统计制度有问题，没有把这些应该算进去的算上。在铁的事实面前，对“房地产救中国”这个说法，还有什么值得怀疑的呢？

## 三、一系列错误认识误导了宏观调控

### 1. 中国房价高吗？不高！

最近出台的政策有很多不够科学的地方，让我们大跌眼镜。但许多人说中国房价太高，应该打压。房价究竟高不高？今天坐在这里的500人都是业内人士，你们认为房价不高的举手——没有人举手，我很遗憾，你们都错啦。房价高就意味着老百姓买不起，开发商卖不动，但现实是每年生产六七亿平方米的商品房都不够卖，许多人经常想买但买不到，甚至求土地局、规划局和开发商内部的人都不行。这不是悖论吗？而且，99.999%的人都不知道，全世界只有我们的商品房中不包括农村房和城中村房屋，全世界只有我们有小产权房、军产房、单位内部集资建房和房改房但是又不统计到商品房的指标中去，这些全算进去全国的平均房价是多少？大约在 2 000 元左右而绝不是根据现在公布数据计算出来的 5 000 元左右。错误的统计口径和方法欺骗了政府，欺骗了学术界，欺骗了舆论。所以，大家的想法都是错的，中央的决策也存在明显的偏差！

2. 有人买不起房就该打压吗？不该！

有些人说一些家庭买不起房子，市场肯定有问题，应该打压。各位，认为许多家庭买不起房并不说明市场有问题的举手——很遗憾，没人举手。其实，99.999% 的人不知道真正的房地产市场，不但要让一部分家庭买不起房子，还要让某些曾经拥有房产的家庭在某种情况下失去房产。这是这个市场与众不同的含义。其中的经济学道理我就不讲了，各国的实践已经清楚地印证了这一点。看看最富裕的美国吧——1/3 的家庭没有自己的住宅，他们付出了让全世界陷入困境的次贷危机的代价才达到这个水平。再看看西欧吧——40%—60% 的家庭没有自己的私有房产，但这不妨碍他们成为发达国家，也没有影响到国家的稳定。在中国，我们的住房私有化率比他们高很多，但我们的问题也比他们多很多。每个人的私欲都无限膨胀，似乎要撕裂整个国家！金岩石最近说：“想要人人居者有其屋，那是杜甫喝醉酒时说的话，你们如果相信这会实现，不是你真傻就是装傻。”的确如此，文学描述的都是风花雪月、醉生梦死的事情，往往使人想入非非或颠三倒四，而经济规律和社会现实都是冷峻的、骨感的，怎么能把文学家一句感慨或者发牢骚的话当作治理社会的目标呢？

### 3. 能用房价收入比判断有无泡沫吗? 不能!

有些人说中国的房价收入比远远超过西方国家的水平,这是存在明显泡沫的证明。认为这个观点错了的举手——很遗憾,仍然没人举手。其实,99.999% 的人不知道这种比较毫无道理。或许这些人不知道中国人均拥有的土地只占世界平均水平的 1/3,中国的建设用地比大多数国家紧张得多;不知道中国的国土质量很差,大部分区域缺水,可用于建设的只占 8.8%;不知道外国的收入是透明的,而在中国,工资条之外还存在大量的兼职收入、福利性收入、财产性收入;不知道外国计算房价时包括了农村的房子和城中村自建房而中国却不算;不知道中国存在大量没有计入房价中的单位内部集资房、小产权房、房改房;不知道中国遍地是大中城市而外国多是小城镇,这对房价影响巨大;不知道中国城市人口密度一般远远高于外国城市,这对房价影响也巨大;不知道外国交易的大多是房龄很长、几十年甚至上百年的旧房子,而中国交易的是一手房和近几年开发的二手房;不知道外国计算房价时采用的是中位数方法,而中国采用的是平均值,在存在贫富差距条件下二者数值差别巨大。还有很多因素对房价收入比都有重要的影响。一句话:美国有美国的国情,中国有中国的背景,把两个国家的房价收入比放在一起比较并得出一个有没有泡沫的结论,这是很愚蠢的。

### 4. 能用租金售价比判断有无泡沫吗？也不能！

有些人说中国的租金售价比远远超过西方国家的水平，这是中国房地产市场有泡沫的又一证据。99.999% 的人不知道这个听起来有道理的说法还是胡说八道！很多人认为是买卖市场投机现象严重导致了房价和租金之间的严重背离，他们不知道我在前面讲的，中国统计部门计算房价时，没有将农村房屋、城中村房屋、军产房、小产权房、单位内部集资房和房改房包含进去，没有得出正确的大约每平方米 2 000 元的数据而是得出了可笑的大约每平方米 5 000 元的数据，而这些没有纳入房价计算范围的城中村房屋、小产权房、单位内部集资房和房改房都是可以出租的，很大比例事实上也在出租着，处于城市周边的很多农村住房往往也被出租着，它们大大增加了租赁市场的供给，拉低了租金水平——在计算租金时，由于是根据市场抽样计算的，它们也被计算到其中了。他们不知道西方土地制度基本上都是私有制，土地供应的弹性相对较大，供应受自然供应影响小，受经济供应影响大，只要房价明显上涨，立即有人买地盖房子。但中国实行土地公有制，政府拥有土地的最终审批权，是土地的唯一供给方，垄断了整个土地市场，再加上为保证粮食安全，建设用地供应量受到严格的规划和计划限制，因此土地供应的弹性相对小，受自然供应与经济供应的影响都很小，所以公有制条件下土地失衡相对严重。传递到住房市场上，公有制条件下，买卖市场上的供应相对更短缺，房价上涨快。但在租赁市场上，供应不受行政或法律约束，仅取决于租金水平。所以，现行的土地制度导致了住房市场的供给短缺，使得住房买卖价格的增长速度快于租赁价格，它是造成房价和租金关系背离的首要因素。他们还不知道中国的居住文化与西方完全不同，中国人认为没有自己的住宅就没面子，生活不稳定，不受人尊重，因此都有着强烈的置业理念，这导致了中国人拼命想挤入买卖市场，而商品房供应又不足，于是大大推升了房价。而没有人愿意承租住宅，则产生了一种筛选作用，租赁市场上剩下的只是“穷二代”、新就业人口和低端流动人口了，他们支付力弱，租金自然不高。

### 5. 大兴土木就意味着房地产过热吗？未必！

有人说到处都在大兴土木，现在全世界一半的开发量在中国，房地产太热，要控制。大兴土木是因为中国过去几十年没有盖多少房子。从中华人民共和国成立到 1986 年，中国一共盖了 7 亿多平方米的住宅，而人口却增加了很多，我们的居住条件几十年没有改善。过去曾有单位把一间宿舍分给四对年轻夫妻分割居住，这绝对不是新闻或者笑话。1986—1998 年，虽然盖的房子多了一些，但还是远远满足不了需要。就像一个人，早上、中午都没吃饭，晚饭暴饮暴食是必然反应！你能说此时吃得多是“虚假需求”，有“泡沫”吗？

### 6. 批评政府就是替开发商说话吗？不是！

有人说我总是替开发商说话，本人在此郑重声明：我只替市场机制说话，替市场规律说话，不替开发商说话，而且我最痛恨偷工减料、欺骗顾客、不负责任、盖不出好房子的开发商。但这些年开发商进步很大，而政府的进步不大，而且在宏观调控的名义之下，政府出现了很多倒退行为。学者的天然职责之一就是批评政府，使其保持警醒，不断进步。没有批评政府的声音是很可怕的！

7. 只有替老百姓说话才对吗？不是！

有人说我从不替老百姓说话，我不是广场上算卦的，不想愚弄老百姓，专唠他们爱听的嗑。而且我曾经说过，只替老百姓说话是错的。首先，普通老百姓由于受到知识、视野以及人的自利性等种种因素的限制，考虑自己多，考虑他人少；考虑当前多，考虑长远少；考虑小家庭多，考虑大社会少。虽然强制搬迁有很多问题，可一些发达国家也很羡慕我们的管理方式，认为这对保障公共利益和社会的长远、有序发展大有好处。所以，对任何事情，只看到一面是不够的。其次，老百姓可以被划分成不同的群体，有些群体在某些问题上利益是对立的。例如，这几年城市房地产价格上涨得比较快，引起了一些城市居民的不满。市民盼着房价稳定，而要调控房价，最好是扩大供给；可要扩大供给，就要大量征用耕地，许多农民的利益就要受损。农民在意愿表达上虽然声音微弱，但内心是强烈反对的。此时，我该替市民说话还是替农民说话呢？又如，没有房子的家庭盼望房价下跌，有房子的大都不希望房价下跌，反而希望房屋升值。我又该替哪一部分老百姓说话呢？学者的立场选择，是一个很严肃的问题。如果踩跷跷板，仅仅站在老百姓一边，或者政府一边，抑或市场一边，都是不完全科学的，有时甚至可能添乱。学者应该站在一个“球体”上，他可能倒向任何一个方向，但又不能倒向任何一个方向；他既要考虑老百姓的要求，又要考虑政府的能力，还要考虑市场运行的规律；他既要考虑当前的社会状况，又要考虑可持续发展的要求。

## 8. 只有自住才是合理需求吗？错了！

有人说我们这次调控打击的是投资、投机而不是消费需求。99.999% 的人不知道只要买房子就叫投资。在国民经济核算中，买房是计入私人国内总投资项下的，老百姓说自己买房子自己住，不是投资，可以理解。但一些经济学家也说买房子自己住是消费而不是投资，甚至指责统计制度颠倒黑白，则是很可笑、很丢学界颜面的事情。而且，买房子你是说不清出租还是自己住的，现在是自己住，可能过几年又出租了。另外，私人房地产投资具有明显的保障替代作用，买第二套、第三套住房投资的人绝大部分要出租，这就为那些纳入不到保障体系中的低收入阶层、流动人口、新就业人口和打工农民提供了居住条件。现在紧缩信贷，打压房地产投资，出租房屋供应增长受到抑制，甚至下降，结果租金大涨，很多承租住房的人傻眼了。

## 9. 打击投资投机不伤害经济吗？笑话！

有人说中国这次调控是精准打击，绝对不伤害自住购房者。

有的官员对我解释说：政府画了一个圈，圈内的是投资投机的，政府只往圈里扔炸弹。对不起，这个圈画到冰上了，除了可能把圈内冰面炸个窟窿外，整个河面的冰都会被震碎。国民经济通过前向关联、后向关联、侧向关联交织在一起，没有哪个产业可以独立存在。房地产业的关联性格外高，它初看像一条线，拉起来再看是一张网。统计分析中对房地产业贡献的评价其实被严重低估了，原因在于房地产业的统计口径被人为收窄，仅限于开发商建造的商品房。其实，房地产约等于中国经济。想一想普通城市居民家庭 80%—90% 的财产表现为房地产，就不难理解这一点了。2008 年，受各种因素的影响，老百姓观望，需求沉淀，房地产业压力很大。但房地产市场的震荡使相关产业遭遇了更大的伤害，建筑业基本停产，钢铁、水泥价格明显下跌，建材、家居行业萎靡，整个国民经济遭遇重创，连盐业都遭受冲击全行业亏损了。因为盐业除了生产大量食用盐外，还提供大量化工原材料和添加剂，它们当中的一部分又被用到玻璃、塑料管等建材的生产上。而房地产项目大量停工时，建材的消耗量急剧下降，订货量大减，生产活动大幅收缩，原材料和添加剂需求量也大幅减少，于是房地产业把在普通人眼里毫不相关的盐业也拖进了亏损境地。

### 10. 打压条件下能增加供应吗？不可能！

有人说这次调控的主基调是增加供应。对不起，99.999% 的人不知道，打压条件下是不能扩大房地产供应的。房地产的需求与一般商品需求的变化规律完全不同：一般商品，比如水果、服装，随着价格的下跌，需求量一般是增加的；还有的商品需求量一般处于稳定状态，如粮食，不会随着价格的波动而明显上涨或者下跌。但房地产就不同了，由于价值量巨大，一套房子通常标价几十万、上百万甚至几百万，当价格下跌时，居民都很担心购买后继续下跌，发生损失，即使下跌10%，一套房的标价也会出现几万甚至几十万的缩水。于是大家会普遍观望，导致需求下降。开发商担心投资回收问题，部分项目会停工，新开工大大减少。所以，越打压，老百姓越不敢买，需求萎缩甚至沉淀，而需求的变化会使开发商不敢买地、不敢开发，下一个开发周期的供应就大大下降了，而需求的积累和供应的减少又可能带来新的暴涨，市场加剧震荡。如果管制房价，则可能导致投资的进一步减少、维修养护困难、黑市交易与腐败等，在欧洲历史上就发生过这样的事情。经济学理论和历史教训都深刻印证了一个浅显的道理：要摧毁一个城市，根本不需要原子弹，最好的方式就是管制房价！

### 11. 现行保障思路对吗？不对！

有人说，我们不靠商品房发展经济，靠保障房照样能拉动GDP增长。中国在计划时代搞的福利房都是保障房啊，而且是彻底的保障房，那时经济发展为什么不快呢？离开了市场机制的国民经济既不会有活力，也不会有动力。再说，经济适用房给我们带来的种种问题还不够严重吗？我们为什么不反思呢？现在又搞公共租赁房屋，这注定会惹大麻烦的——很多人将来不交租金、物业费、取暖费，而且这一部分投资一定会沉淀。有些公共租赁房屋的投资用的是公积金，那是我们的血汗钱，属于私人所有，没有经过必要的程序，随便挪用是侵权的！动了我们的“奶酪”，谁跟我们商量了？我不反对搞住房保障，而且我曾多次上书中央主要领导，建议加强住房保障制度的建设，推动了《国务院关于解决城市低收入家庭住房困难的若干意见》的出台，但我总体上反对搞实物保障（建设各种保障房），主张搞货币化补贴。因为在外国行得通的东西，我们未必搞得好。我们的社会文化、法制基础和环境与西方完全不同，这种背景决定了搞实物保障必然产生各种腐败，流失和渗漏无法避免，而搞货币化补贴，则可借助市场的力量搞好住房保障，提高效率，同时减少政府主管部门对建设和分配环节的介入，减少腐败行为。

## 四、房地产领域的主要问题不是房价过高，而是分配不公

中国在房地产领域最主要的问题是分配不公而不是房价过高。经济适用房用地大部分被各级机关、事业单位分掉搞了内部集资建房，不仅没有缴纳土地出让金，而且以经济适用房名义享受了很多减免税费的政策。有些机关超标准分房，没完没了地分房；有些官员利用权力或机会多分房，如夫妻都分房，或利用调转机会几次分房；有些官员在房地产权证上虽未体现出来，但实际占有或控制多套房产，或以亲属、子女名义占有房产；有些官员利用权力、影响为亲属或家人谋求分房机会或套取补贴等；有些官

员利用手中权力索取、接受房产贿赂；有些官员名义上长期借用企业或商人房产，实际已经拥有该房产……所有这些问题，是中国最不该回避、必须面对并研究对策的问题，抱怨房价高只不过是老百姓对包含住房分配不公在内的腐败问题不满情绪的异化。

## 五、存在房地产泡沫吗？它只是传说中的鬼

很多人总是拿过去的眼光看待今天的生活，拿计划时代的眼光看待市场经济的生活，拿几代人同居时代的眼光看待已经发生了巨大变化的光怪陆离的现代都市生活。看到今天谁家灯是黑的，就认为是投机，就说有泡沫。泡沫就是那个传说中的鬼，都说有，其实是不存在的！

## 六、经济明显下滑，源于调控偏差

裤子失去腰带，才知啥叫依赖。2008 年中国经济很难看，失去了腰带，掉了裤子。2009 年在房地产业的帮助下，中国经济勉强提起了裤子。但交易量一恢复，房价一上涨，随即引来 2010 年 4 月开始的强烈打压，一些极端的手段都用上了。有的城市为了控制房价上涨，听说可能存在通过假离婚方式贷款买房的，于是规定夫妻在婚姻存续期间买过房产的，离婚以后，尽管一方名下没有房产，但再买仍视同购买第二套、第三套，这就是说离了婚也只能住在一起，或者睡在天桥下面——这种规定是荒唐的！

4月份开始的严厉打压使得经济出现了明显下滑的迹象，PMI指数已经明显下行，钢材、水泥价格都在下跌，进入7月份后，钢协会员企业已经有40%开始减产。这一次钢铁业去库存化由于打压地产将变得漫长而艰辛。最近所有建材行业和家居行业都受到了强烈冲击。有些工地已经不敢施工了，这意味着4 000万民工的就业市场马上就会出现变化。这一切都与我们又爱又恨的房地产业联系在一起。8月份，刚性需求者不再观望，交易量明显恢复，打压之声再起，甚至有人高喊：必须连续不断地痛击房地产市场！深入研究这些声音不难发现，所谓的“舆情”完全是少数人的声音，他们为了个人私利，正假借民意，不断抛出各种夸张或者别有用心的刺激性话题，引导着舆论走向市场经济的对立面——这种倾向非常具有破坏性的力量，遗憾的是并没有引起警觉。

## 七、没有房地产业保不住中国！

回到今天的话题上，看看当今中国，除了房地产业和汽车行业，还有哪个行业不处于产能过剩、不处于饱和状态呢？而汽车行业与房地产业相比，显然只是小弟弟，担不起大任。要恢复经济高速增长的状态，保持较高的就业率，保证政府运行所需的财政收入，除了房地产业，我们没有选择！这是经济规律决定的，是中国所处的特殊阶段决定的，更是中国一系列与众不同的基本国情决定的。千言万语汇成一句话：没有房地产业保不住中国！

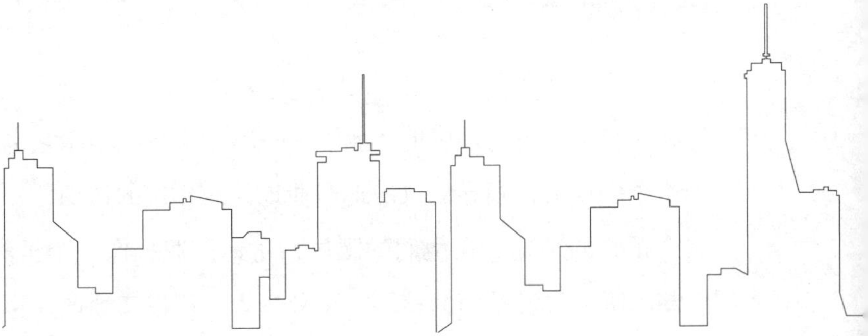

## ■ 又拽出了房地产业这把大茶壶!

（2015 年 11 月 15 日）

这些年因为房地产调控的原因，我经常受邀参加各种座谈会。有时发现领导们也很郁闷、很难受。但有些苦，他们只能憋着，说不出来。虽不和我争论，但内心一直纠结，一直犯怵，也一直没搞明白——难道离开房地产业真的就不行吗?

还真的不行！这几年，经济形势一直在调整，GDP 增速节节下滑，不断击穿全国人民和高层的心理底线。围绕经济增长这个沉重的话题，如果说有哪个行业最让领导头疼和纠结，那一定是房地产业了——靠它不行，不靠它也不行。

十多年来，领导们对房地产业地位与作用的认识，一直没有一个正确的结论。在他们的眼里，房地产业就像一个虽然能干，但却不听话、没教养的孩子，十分烦人，所以房地产业也一直没得到政府的“好脸色”，在前几年的一些重要文件中，政府对国民经济的这“第一大产业”甚至提都不提。虽然房地产业自己也争辩，但似乎没有什么用。房地产业不断遭受着舆论的攻击和政策的打压，房地产问题被政治化、道德化，开发商被妖魔化。房地产问题的讨论也充满了暴力，我和任志强因经常与大众观点不同，都曾深受其害。

十多年来，从中央到地方，曾出台了无数关于房地产业的政策，其中绝大部分是打压市场的，少部分是把市场“打残”后，发现不得不救，而采取的“松绑”或者“急救”措施，正常的房地产市场需要什么样的制度环境，似乎说不清楚了。这个行业在中国的确“身强体壮”，哪怕早已经是遍体鳞伤，却依然要早早起床，推磨、拉犁。它承受着“白眼”“飞唾”，大家都在看这个行业的笑话。政策上长期不允许给开发商贷款（有时是以“窗口指导”方式），再加上全世界最高的首付比例，即便政府从这个行业拿走了相当于销售总额六七成的财富，大家依然觉得房地产业“黑心”“暴利”“十恶不赦”。

房地产业自己也的确不完美，问题很多，这一点我一直承认。有些开发商强拆，有些开发商强迫买房者签不公平合同，有些开发商偷工减料，有些开发商取消绿化面积，个别开发商甚至乱改设计图纸……但是，有些毛病与政府监管也有关系，不能只骂开发商。企业原本就是逐利的，政府应加强监管，让企业守规矩。还有拆迁等类似问题，政府应进行先期有效的宣传、疏导，避免强拆事件发生。我在讲课时曾经从“两种制度”“两种文化”“一段历史”五个角度解释房地产行业混乱局面的成因，如果不从这些角度看问题，简单地“痛扁”开发商，是不讲理的。

我认为，迄今为止，人类社会两项最伟大的发明就是货币和房屋。大家可以想象一下，没有这两种商品，世界该是什么样子。我是热爱这个行业的，毕竟学习、研究了近三十年，有很多同学、学生和朋友在这个行业工作，我非常希望这个行业健康发展。为此，我也舍弃了很多可以追求更多私利的时间和机会，去做房地产培训（我提出了一个“335 工程”——退休前，除了北师大的常规工作之外，争取培养 500 位房地产 EMBA 学员，让 30 万董事长、总裁，也让 30 万普通投资者听到我的课），给这个行业“美容”，希望他少一些“雀斑”，多几分风采。当然，热爱这个行业不等于不客观、乱讲话。有一次我参加“博鳌房地产论坛”，演讲完后几个开发商围上来，其中一人对我说：“感谢教授多年来替我们开发商说话。”我当即纠正：“我从来不是替开发商说话，而是替房地产行业规律说话，替应有的市场秩序说话。”

房地产业对国民经济和社会发展究竟有多大影响？我曾给出三个判断：第一，它是国民经济的主导产业；第二，它是国民经济的支柱产业；第三，它是国民经济的先导产业。由于统计口径的原因，它对中国 GDP、财政收入、就业等方面的贡献一直无法准确估算。统计部门和一些学者测算的结论是很不准的，他们没有把农村房屋、小产权房、军产房、城中村自建房屋、大量企事业单位违规建造的房屋等考虑在内。若修正口径，我估算中国这十年来 GDP 总量的一半是由房地产业直接或间接拉动的。在地方本级财政收入中，大约 2/3 是房地产业贡献的（含土地出让）。至少有 1/3 的就业人口直接或间接与房地产业有关。房地产买卖或租赁行为对需求的拉动作用巨大到惊人的地步：想一想房屋里的所有商品，还有哪些不是因为有了房屋才买的呢？在美国，房地产业至今还是第一大产业，其贡献率大约是美国雄霸世界的金融保险业的 1.6 倍。在德国等其他国家也是如此，房地产业都是支柱产业。

正因为如此，连续地打压终于酿成了不可收拾的后果，限购限贷政策累积的抑制效应终于导致预期改变、房地产业衰退。再加上汇率上升、劳动力短缺、国内市场供给饱和等因素的影响，国民经济的持续衰退开始了，速度之快甚至可以用“断崖式跌落”来形容。我需要强调一下：在现行体制下，作为学者，我更相信自己的调研和观察结果。有人问我：董藩教授，领导们又公开谈要“积极去库存，促进房地产业健康发展”了，有什么内幕吗？内幕问题，我这个层面的人很难知道，我猜想就是任志强讲的“夜壶”又起作用了——憋得难受，不拿出来用用，真是挺不住了。但“夜壶”一词不大文雅，我就改用“茶壶”来比喻吧——不渴、不来客人，茶壶没有用，没人理它；但渴了、来客人了，没有茶壶上场肯定就不行了。庞大的政体要运转，老百姓要吃饭，所以，尽管不喜欢你，你也得出来，给我工作!

房地产业的问题比较复杂，长期以来国内高校的学科设置中又基本没有这个专业，导致大家对一些基本问题也说不清楚。两年前政治局曾专门搞过一次关于房地产专题的学习活动，但似乎没得出什么一致的结论。此后房地产行业不但没往好的方向发展，反而问题越来越多、越来越严重。这两年来，我写了多篇可能惹麻烦的文章，大声疾呼注意房地产市场风险，防止房地产业衰退拖垮整个经济，也通过一些途径提交自己的建议。虽然有些建议陆续在一些政策中体现出来了，但都是“一味药、一味药”地单独使用的，早已没有整体“药方”应有的效果，我曾用“用纸杯舀水冲厕所”去形容这种结局。

现在看，决策层对房地产市场出现的问题真的很担心、很着急。11 月 8 日，习总书记听取了六位经济专家谈改革与房地产发展。10 日上午，他又主持召开中央财经领导小组第十一次会议，在讲话中他特别强调“要化解房地产库存，促进房地产业持续发展”。对此我在新浪微博里立即做了简单解读：第一，政府已深刻认识到楼市困境是导致 GDP 增速下滑的主因；第二，当前楼市困境给政府带来了巨大压力；第三，政府变相承认房地产业依然是支柱产业，必须保证健康发展；第四，前期房地产救市政策效果不理想；第五，还将有救市政策出台。

既然又找出了那个扔在旮旯里很久、没人理的“茶壶”，那是不是就能立竿见影呢？我还不清楚，感觉难度蛮大的。因为仅从会议上我还没看到科学而完善的救市方案。恕我直言，在 8 日的改革与房地产发展座谈会上，六位参会专家中没有一位熟悉房地产行业、对房地产业有系统学习和研究经历的，从报道中我也没看到任何有价值的认识或建议。

决策层重视，这肯定是好事。但要救房地产市场，羞羞答答地做已经不行了。除了方案要科学、完善、有力，态度也一定要坚决、明确，是再次强调“没有房地产业保不住中国”“信心比黄金都重要”的时刻了。

我想起了一首歌的歌词——

看窗外
春暖又花开
你却不自在
什么事情想不开

有心事
就要说出来
别人才明白
不然只能自己无奈

哎呀哎呀哎呀哎
你说害怕再次受伤害
哎呀哎呀哎呀哎
灿烂的笑容就在门外快点去表白

爱要大声说出来

想爱就去爱

机会错过就不能重来爱要大声说出来

就算会失败

勇敢追求幸福才会来

## 第六个限购城市出现

——伤疤未好已忘疼？

（2016年4月5日）

某多次听课、去年6月就顺着我手势进入固安市场的学员昨天给我私信：“老师，简直是‘晴天霹雳’啊，想不到廊坊这样的三、四线城市也限购。我弟弟也想在固安再买一套，还能买吗？”我对他说：“晴天霹雳一般只是把大家吓一跳。既然是晴天打响雷，肯定没有暴风骤雨，不意味着什么灾祸吧。”雷声瞬间就会过去，只要你没有恰好踩在雷区里，是不应停止赶路的脚步的！

## 一、我一直在等这个文件

昨日，我终于从廊坊市政府的网站上看到了市政府办公室正式转发的市房管局等六部门制定的《关于完善住房保障体系促进房地产市场平稳健康发展的若干意见》。

听过我房地产投资理财培训课程和熟悉我的人都知道，我一直高度看好环京房地产市场。这不仅仅源于此区域因紧邻北京而自然受益的“涓滴效应”，还源于北京挤压外来人口而带来的“需求外溢”，更源于京津冀协同发展战略实施中可期的产业集聚和人口集聚效果。基于多年的理论分析和现实观察，从增长潜力和回报率两个角度考虑，我把环京地区正在受到积极影响的房地产市场划分为两个梯队：第一个梯队包括固安、燕郊和大厂的潮白河区域，第二个梯队则包括香河、永清、涿州等区域。得出这一结论与我早期既研究区域经济学又研究房地产经济学，同时关注国民经济学的经历有关（我在本科和硕士研究生阶段读的是投资管理专业，主要内容与今天的房地产和金融专业有关。我曾在连续十六七年的时间里痴迷于区域经济学和落后地区开发战略，发表过大大小小几十篇论文及内参，还曾出版过四部区域经济学方面的著作，主编过一套“十五”国家重点图书出版规划项目——“新千年之初的西部大开发丛书”。我的博士专业为国民经济学），多学科背景提升了我对区域房地产投资价值判断的敏感性和准确性。

从 2011 年开始，我就在熟人圈层鼓励大家进入固安市场，并帮助亲友放弃家乡的投资机会，在固安陆续购置了房产。2013年9月23日，我在微博上明确说，“固安、燕郊商品房大幅涨价很正常，它们会逐步演化为北京的居住卫星城”，并号召大家尽快进入这两个市场。2014年，鉴于外地粉丝想进入环京市场但在该区域蒙头转向、难以选择这一现实情况，我直接找了一家中介机构，让他们协助大家做了香河、燕郊的团购。目前这些首付资金普遍获得了300%左右的回报。

在第一梯队的卫星城中，基于长期，我高度看好固安市场，也一直通过一些途径追踪涉及北京南城及固安的重大决策信息。从2015年6月份断定固安房价会快涨后，为引导大家及时抓住机会，我推动进行了粉丝团购活动。短短9个月，固安房价由每平方米6 000—8 000元涨到了每平方米1万—1.3万元，很多人首付获得了100%—300%的回报。

但是，进入3月后，对固安楼市“一天一涨价”的情况，我还是有些担忧的。3月17日，我在微博上说：“今天全天在固安调研。我前期帮亲属买的都不错。”3月18日凌晨，当有粉丝问调研结果时，我说：“三天后发给按规定信箱报名团购的粉丝。”“还要继续调研，争取给大家找到有可能继续带来高回报的项目。结果预计会在三天内发给报名者。”后来我又说：“别问了，太兴奋对身体不好。一天一个价谁也受不了。”我预感到固安、燕郊、大厂等地楼市的火爆和不规范操作可能引来媒体和政界的关注，进而引发市场整顿。于是我感觉需要观察一下，便一直没有公布调研结论，也停止了传播工作。我觉得有必要重新对某些开发商的背景、股权结构、企业的财务状况进行调查，防止政策变化、市场震荡时出现烂尾、不能交房、办不了产权证等情况。恰在此时，媒体曝光了燕郊、固安、香河、大厂等环京市场暴涨和无预售证卖房的情况，给廊坊及下属县市的地方政府带来了巨大的压力。我知道整顿已是必然，新政策可能呼之欲出了。于是，我多次通过不同途径告诉团购粉丝："先等等吧！"

## 二、惊动高层的报道和不得不出的政策

全国各省、市的房地产市场运行都不规范，只是程度不同而已。只要权力介入过多的行业，都存在这个问题。河北房地产市场之乱全国闻名，河北省建设厅曾自己披露过一项调查：2011 年以来，河北省共开工房地产开发项目 3 386 个，存在违法问题的 2 079 个，违法比例 61.4%。其中，省会石家庄市违法项目比例高达 93.8%。据我了解，这与前几年河北省委省政府"三年大变样"的激进城市建设战略有关。

河北房地产开发项目违法问题主要包括：未取得建设工程规划许可证、施工许可证擅自开工建设，违反建设工程规划许可证的规定批少建多、批低建高，未取得预售许可证、未按预售许可证批准的范围进行预售等。这也不能全怪开发商——河北省五证审批流程特别慢，三年的项目五证缺三四个的比比皆是，然后开始严查、罚款！

客观地说，河北乃至全国，市场上无预售证卖房的情况很普

遍。有预售证未必不出事，无预售证也可能交房很顺利。从宏观上说，这与宏观政策和区域政策的稳定性有关；从微观上说，则主要取决于开发商的财务状况和企业治理结构特别是股权结构。所以，我们选择团购项目时，只要是期房，就会把这些方面的调研与小区规划设计、外立面、园林绿化、建筑质量、周围配套、社会治安等外在因素并重考虑，甚至在打分排序中把前者的比重提升到 60%。这就是我们经常不主张买小开发商项目的原因之一（当然对不熟的人我们也无法阻拦）。我自己在此方面就曾轻信熟人，吃过亏。我内心倾向于政府在预售方面严格管理。但对一些火爆区域来说，需求旺盛，供给跟不上，傻呵呵地跟开发商或代理公司讲法制、讲秩序，根本就买不上。等预售证下来，往往早就卖光了，或只剩尾房，而且价格已大涨。所以，对预售项目来说，选对开发商最关键。

环京市场的火爆和不规范交易的确引起了媒体的关注。在我调研的同一天，即 3 月 18 日，《华夏时报》一篇《未领取预售证就开售，未封顶就放款——春暖花开，环北京楼市躁动》的报道出笼了，文章批评了燕郊、大厂、香河、固安市场的开发商们，呼吁政府加强监管。据说此文引起最高领导的关注和批示，随即河北省、廊坊市主要领导分别作了批示或指示，省政府副秘书长、省住建厅的领导、廊坊市的相关领导风风火火对市场做了多次检查、调研。房产主管部门约谈了一些开发商，对违规行为进行了处罚。廊坊市组建了专题调研组和专项整治督导组，同时根据领导批示，拟定整治和规范市场的文件。固安、三河、香河、大厂也各自组建了调研和整治小组。

我此前通过北京、河北省、廊坊市的各种途径，已经听到一些消息，也从多个环京大开发商处了解到政府与他们座谈和到企业调研的情况。我也听说廊坊市委市政府在责成房管、规划、建设、国土、工商和金融办等市直相关部门学习研究上海、深圳等城市相关管控政策，起草制定《意见》，提交给省里征求意见。但在文件出来前，因为涉及保密工作，对具体内容也只是猜测，我不好写文章透露和评价。我只告诉团购粉丝，固安市场“涉及整顿，大部分好项目停售，我们也在等整顿性政策”。所以，我一拖再拖，对下一步的投资行为没有给出明确说法。

## 三、高举轻放还是真打痛打?

按照官方的说法，廊坊市试图通过制定区域性、差别化的措施，确保全市特别是环京周边县（市）努力实现规范市场秩序、稳定住房价格、遏制投机炒作、促进房地产业平稳健康发展的目的。从廊坊市《关于完善住房保障体系促进房地产市场平稳健康发展的若干意见》来看，政府提出的整治意见包括九个方面：

1. 严格落实房地产调控主体责任。环京县（市）政府要切实把规范市场秩序、稳控住房价格作为当前一项重点工作，承担起房地产市场价格稳控的主体责任。

2. 建立联席会议制度，完善市场监测机制。建立环京县（市）房地产市场监管工作联席会议制度，负责指导、协调、推进监管工作，及时对市场交易数据信息进行统计分析，根据市场情况，提出对策措施。

3. 坚持规划引领，严格规划管控。根据《京津冀协同发展规划纲要》等相关要求，修订完善环京县（市）的发展规划，合理确定功能定位、产业布局和空间发展，妥善处理房地产业发展与城市建设、生态保护的关系。主动加强与北京有关方面的沟通联系，建立联动机制。

4. 实行住房限购和差别化住房信贷政策。非本地户籍居民家庭限购一套住房且购房首付款比例不低于30%。

5. 严格商品房预售管理。进一步规范预售审批程序，严格要件审查和形象进度要求，限期一次性公布全部可售房源；落实住房价格备案制度，实行一房一价，明码标价，现场公示。加强价格管控，限定申报预售价格涨幅，完善住房信息查询系统，推进联机备案系统互通互联，有效遏制和防止倒卖房号等投机行为。

6. 开展严厉打击违规经营专项行动。组织开展专项执法检查，对房地产开发企业、中介机构的经营活动进行集中整治，依法严厉打击无证预售、违规销售、虚假广告宣传、哄抬房价、囤积房源、捂盘惜售和投机炒房等违法违规行为，全面规范市场秩序。

7. 盘活存量土地，加大棚改力度，增加住房供给。加快存量土地开发建设进度，加大棚改建设力度，将城中村、城郊村以及整合撤并的村庄、城市危房、城镇危陋住宅区纳入棚户区改造范畴。增加普通商品住房供应，严格控制高档住宅开发。

8. 加强房地产金融风险防控。严禁互联网金融企业、小额贷款公司、开发企业、中介机构等从事首付贷、过桥贷、自我担保、设立资金池等场外配资金融业务。

9. 加强信息公开，正确引导舆论。加大市场信息公开力度，将房地产项目供地、预售许可楼盘、可售房源等信息公开公示，稳定住房消费预期。积极主动向社会解读环北京地区住房发展规划和稳控房价措施，尽量避免和减少“跟风”消费。

在上述这些政策中，最引人注目的是第四条——“实行住房限购和差别化住房信贷政策。非本地户籍居民家庭限购一套住房且购房首付款比例不低于30%”。这等于宣布廊坊成为全国第六个限购限贷城市，尽管它只是一个三线或四线城市，但在政策上已经向一线城市靠拢了。

难道是伤疤未好已忘疼，要真打、痛打开发商和投资者?市场不规范、违规交易多，的确容易惹麻烦。更重要的是很多楼盘不到一年，价格就涨了百分之七八十，甚至翻番。这种局面虽然对去库存有利，但引发的舆论压力是巨大的。打是要打，但要观察政策的力度。我觉得用“高举轻放”一词形容是比较合适的。

其一，中央领导的批示没有公开报道，这表明从住建部、河北省到廊坊市，再到固安、三河、大厂、香河等基层政府，无一不注意控制市场整治活动可能产生的负面影响，努力防止影响去库存的宏观“主基调”。

其二，这个《意见》由房管、规划、建设等市直六部门联合颁布，市政府办公厅转发，而没以市政府或市政府办公室名义直接发布，在政府网站发布的页面安排上也采用了不起眼的低调处理的方式，可见用意之深。

其三，此文件对实施日期未做出明确说明。政府文件的行文是非常严肃的，缺少任何要素都是大毛病，可能引致作废。但这个无数领导和部门工作人员参与制订的文件通篇没有时间规定，我觉得并非遗漏，而是特意留下了回旋余地，以便消化一些现存问题。

其四，虽然限制非本地户籍居民家庭购买，但未堵死，还允许购买一套。这说明河北省和廊坊市领导都很清楚，虽然不得不规范市场秩序，但无外来投资特别是北京资金的涌入，廊坊就与其他三、四线城市没差别，也会陷入去库存的困境中。而且也不要求购买家庭提供纳税证明和社保证明，也说明了未堵死这一点。

其五，虽然规定了购房首付款的比例，但说的是“不低于30%”，此规定很柔和。而且根据字面理解，即使是在廊坊以外城市有房贷，在廊坊的购买涉及第二次房贷，按30%首付处理，似乎也不违规。这意味着只是取消了首套房贷20%首付款的规定而已。

## 四、固安、燕郊等市场的未来走势

市场秩序的整顿正在进行，预计要持续半个月左右。但文件已经出来，说法已经明朗，剩下的一个问题是：这里的房价会不会出现明显下跌？还有没有投资价值？——政府不愿意看到这些区域市场塌陷，也不会塌陷。无论短期发展轨迹如何，只要中国社会稳定，固安、燕郊等市场长期上涨趋势就不可避免！

首先，廊坊的限购限贷绝对不是将投资客拒之门外，我上面已经说得很清楚。就像对其他产业的招商引资活动一样，廊坊的环京房地产市场也一直欢迎甚至主要依靠以北京为主的外来需求作支撑。这次文件里说得很清楚："依法严厉打击无证预售、违规销售、虚假广告宣传、哄抬房价、囤积房源、捂盘惜售和投机炒房等违法违规经营行为""有效遏制和防止倒卖房号等投机行为"，绝对不是打击外来投资行为，阻止所有投资客，因为这不符合中央政治局和中央经济工作会议精神。

其次，像固安、燕郊这样有利的区域市场，全国没有几个。如果这些市场都不行了，全国市场就垮掉了。我在课堂上反复讲过为什么大都市周围会出现以居住功能为主的卫星城以及成为居住类卫星城的基本条件。我做过粗略分析，固安、燕郊、大厂潮白河区域是少数正在成长的最具代表性的卫星城，比沪、广、深周围的大部分城镇发展条件更有利。当北京房价上涨时，它们的房价跟着上涨；当北京疏导城市功能、挤压外来人口和需求时，只要不针对这些卫星城同时出台严厉的打压政策，它们的房价还是上涨。尤其是固安，将来还有航空运输、物流仓储、餐饮与零售服务、写字楼与宾馆服务、飞机维修与出租、高科技及休闲度假等产业带来的需求做支撑，预期投资回报率是比较理想的。

再次，河北省和廊坊市最珍贵的土地就是环京的这些建设用地，必须充分发挥出市场价值。因为北京的某些要求，河北省几十年来牺牲巨大，不仅让出了大量土地（今天的北京昌平、朝阳、通州、顺义、大兴、房山等全部或大部分区域都是由河北割让划入的），在饮用水涵养与供应、退耕还林、矿山开采控制、蔬菜供应方面都做了巨大贡献，河北的人才、资源也一直向北京倒流。但北京对河北的补偿是不足的。现在强调京津冀协同发展，要加快实施交通、生态、产业三个重点领域建设的率先突破，但河北并没有多少资金投入。现在终于发现了一种市场化补偿机制，就是向北京等地出售商品房，获得市场化收入，借此强身健骨。如果河北严厉打压环京楼市，不等于跟自己过不去？

最后，京津冀协同发展战略实施的主要效果之一就是看房地产业的发展与城市建设的改善。2014 年 4 月 1 日，我曾在公众号“藩丝财智厅”里说，京津冀协同发展问题五年内能看到的变化主要有三个方面：一是北京与周边交通网络的建设与改善；二是房地产开发与居住卫星城的出现；三是通信联网。我当时就建议高度重视廊坊这座地级市，特别是其下属三河市的燕郊镇、固安县。房地产业是一个国家和地区的主导、支柱和先导产业，如果没有房地产业的发展，就不可能有其他产业的大发展，还谈什么京津冀协同发展呢？

## 五、还可以继续投资吗？——当然！

在我的微博里，大约有23万忠诚的粉丝订阅了我的“订阅消息”。很多人记得我在“订阅消息”里说过的话：“我将结合新政策做出新判断，并告知订阅者。已买的请放心，时间会用惊喜报答你。”对于没买的粉丝来说，我以十几年遵纪守法但战无不胜的投资经历，明确告诉你：别人恐慌之际，就是机会来临之时！

对于环京市场已经产生的没有预售证就销售等失序问题，我想地方政府、开发商都会积极想办法加以消化。尽管开发商做得不规矩，但政府显然在监管方面也存在失职之处，而且政府利用这些整顿机会也对开发商罚了款。款也罚了，批评与自我批评也做了，无论地方政府还是开发商，都不想放掉这些已经咬到嘴里的肥肉吧——这就意味着巨大的GDP、财政收入，以及下一步的市场需求支撑。真要把这些外来购买者都打跑了，环京发展立即就陷入困境了——除了房地产，它们还有什么能吸引来自北京及全国的投资者呢？没有，绝对没有。所以，最好的思路是向市场低头，能过关、能商量的都处理好，实在不行的，再协商办理退房手续。

在政府喝令开发商停售无预售证商品房的这两周里，固安、燕郊等几个“涉案”区域市场的交易量都下滑了六七成。根据政府的要求，很多准备销售的楼盘，也无法再进行排卡工作。但有没有人想过：开发商之所以违规销售没有预售证的房屋，就是因为需求旺盛，开发速度跟不上。据我了解的情况，整个固安县库存只有 7 600 套（而且很多在大家不太信赖的小开发商手里），按照目前销售状况只能支撑三四个月。这对未来的市场，又意味着什么呢？

牢牢记住我曾经说过的话：固安这样的城镇未来十年会跑赢那些作为省会和计划单列市的大部分二线城市，让它们“无地自容”。

## “限购取消？请神容易送神难！”*

（2012 年 7 月 6 日）

### 一、“地方不自救是不可能的”

**南方都市报（以下简称“南都”）**：明年限购政策有无取消的可能性？

**董藩**：请神容易送神难，限购政策一头扎进了“死胡同”，想调都调不了，想取消更难。在我看来，限购限贷要找到“合法”的替代才能取消，但现在就是找不到。更

* 原载 2012 年 7 月 6 日《南方都市报》。

为重要的是，经济虽有明显下滑，但还没有到很严重的地步，因此限购很难被取消。

**南都**：你曾用一个故事形容调控：飞机上一个姑娘无意打破香水瓶，旁边座位被溅香水的男士回家被妻子拷问。正如调控政策，调着调着，很多无辜的人就被伤害了。

**董藩**：政策本意是打击投资投机行为的，但事实上很多无辜的人受伤了。比如投资客减少的同时，可租赁房屋也减少了，使租金上涨；贷款成本增加的同时，换房刚需难。

**南都**：你对政策走向有何研判？

**董藩**：短期来看，已经很明确了，国家要保增长，政策肯定要松动，松动不直接对着房地产行业来，但由于房地产产业链的关联作用，会间接受益。两年的限购限贷，地方政府已经承受不住了，不可能不自救。地方财政收入的一半来源于土地出让金，再加上房地产开发和交易中的税费，可能就能达到70%左右。一旦房地产业务停滞，地方财政必然受到严重的创伤，甚至连发工资都很艰难。

**南都**：你认为今年下半年房贷7折优惠利率有无可能？

**董藩**：总会有这么一天，但是今年下半年会否执行，还要看最新的经济数据，如果继续恶化，今年下半年就有可能对首套房执行7折优惠利率。

## 二、“楼市底部信号已经出现了”

**南都**：很多人都在议论，楼市是否真正触底，你怎么看？

**董藩**：现在已经到底部了，有很多信号可以看出。首先，中央政府的态度近期悄然发生了变化，虽然还谈调控，但连续两次没再提“毫不动摇”了，还用了微调和预调；其次，地方政府纷纷自救补贴财政；再次，很多房企取消了购房优惠政策。

**南都**：有人说，房地产冬天已经过去了。

**董藩**：只是暂时有所缓和，但房价不可能暴涨。首先，限购限贷政策并没有取消，随时可能紧一紧；其次，一手房库存量仍比较大，消化需要一段时间。

**南都**：针对买股还是买房，你有怎样的建议?

**董藩**：要像远离毒品一样远离股市，因为股市风险随时都有可能发生。如果资金实力雄厚，可以选择买房，毕竟房价始终是曲线上涨的。

## 首付新政出台有啥内幕？

（2016 年 2 月 3 日）

我在自己的实名微博上发了条“按揭首付两成政策出台”的消息，粉丝 @jocy1999 跑来留言调侃道：“老王好不容易凑够四成首付，想到 A 股赌一把，赚装修费，却惨被腰斩。正在老王欲哭无泪之时，央行大喊一声：‘老王别走，首付两成！’老王顿时满血复活了。”是的，按揭新政终于来了，老王买房的压力减轻了！

## 一、首付新政的内容与相关说法

2015 年 12 月份，随着中央经济工作会议的召开和高层对房地产态度的大转变，大家预感到一系列政策会大变。我最期望的就是在房地产信贷政策上做出多项调整，提升老百姓的支付能力。这对恢复市场交易是最为关键的。我最希望，也认为最有效的政策就是下调首付。我在《解读楼市新政：四大进步与两点遗憾》一文中明确说："要激发需求，必须清除中高收入阶层进入市场的障碍。对二套和三套商品房的信贷约束与打压政策严重约束了他们入市，而首套置业者购买力通常很弱。"如果能降低首付，对激发需求的意义当然非常大。中央经济工作会议之后，我对首付下调的预感十分强烈，就通过微博私信和短信告知一些内部系统中的团购粉丝，建议他们观察一段时间再买入，并承诺"我们将协助把握好特殊时期的买入节奏，争取最佳收益"。等了一个多月，我都感觉对中央经济工作会议有些失望的时候，这项政策终于出来了。

2016 年 2 月 2 日，中国人民银行、中国银行业监督管理委员会联合下发了《中国人民银行　中国银行业监督管理委员会关于调整个人住房贷款政策有关问题的通知》。《通知》规定，房地产按揭政策的内容有四点：

1. 在不实施限购措施的城市，居民家庭首次购买普通住房的商业性个人住房贷款，原则上最低首付款比例为 25%，各地可向下浮动 5 个百分点；对拥有一套住房且相应购房贷款未结清的居民家庭，为改善居住条件再次申请商业性个人住房贷款购买普通住房，最低首付款比例调整为不低于30%。对于实施限购措施的城市，个人住房贷款政策按原规定执行。

2. 在此基础上，人民银行、银监会各派出机构应按照“分类指导，因地施策”的原则，加强与地方政府的沟通，指导各省级市场（根据？）利率定价自律机制结合当地不同城市实际情况自主确定辖区内商业性个人住房贷款的最低首付款比例。

3. 银行业金融机构应结合（根据？）各省级市场利率定价自律机制确定的最低首付款比例要求以及本机构商业性个人住房贷款投放政策、风险防控等因素，并根据借款人的信用状况、还款能力等合理确定具体首付款比例和利率水平。

4. 加强住房金融宏观审慎管理。人民银行、银监会各派出机构应强化对房地产贷款资产质量、区域集中度及机构稳健性的监测、分析和评估；督促各省级市场利率定价自律机制根据房地产形势变化及地方政府调控要求，及时对辖区内商业性个人住房贷款最低首付款比例进行自律调整，促进银行业金融机构住房金融业务稳健运行和当地房地产市场平稳健康发展。

写到这里，我想说句题外话：现在中央文件的行文质量实在不高，我阅读时经常遇到病句。在这个短短的文件中，就存在至少两处严重的语病，我已经标示。这是很不严肃的事情。

## 二、为啥“步履迟疑”？为啥“琵琶遮面”？

自2010年实施限购限贷政策以来，我就对此一直持有批评态度，在很多论坛和评论文章中认真分析过这个政策可能带来的负面影响。我甚至在公众号“藩丝财智厅”上冒险推送了一篇对政府的提醒文章《要防止人为制造出经济灾难》(微博发表时又名《会不会人为制造出经济灾难?》)，阅读量达到了七八百万次。我还写了一篇阅读量同样很大的建议文章《楼市必须救，大厦不能倾——关于救市的“董氏药方”》，针对房地产市场的困境和政策可能带来的严重影响，提出了系统的救市思路。此后我同时通过四五个途径，不停地向最高层反映我对房地产市场的看法。到了 2015 年下半年，随着经济增长形势的恶化，救市的声音在增加，已经不只是我和任志强等少量业内人士主张放松管制了。很多人都看到了限购限贷政策带来的危害，主管部门的调门也已经转变，献计献策的学者也越来越多了。

我知道出台救市政策已成为必然，只是不知道准确时间。一些粉丝联想到我此前的投资提示，认为我可能知道一些“内幕”。其实，所谓的“内幕”，都是我基于对中国经济和社会的理解，基于对房地产业和整体经济规律的认识，基于对中国政权和政治的认识，再加上对市场的调研、对领导口气变化的体会，以及各种合法渠道的“探试”，而做出的推测。这些年来，我对一些形势和政策估计得比较准，其实也都是在类似情况下做的推测。即使有的时候受邀去座谈，去献计献策，也只是感受到高层近期关注的重点或者经济领域出现的一些重要问题。领导或者领导身边的人都是很注意保密的，或者说对下一步的政策，他们也还没有形成清晰的认识，否则不需要问计于民间。

这次首付政策的调整，按照央行和银监会的说法，是基于此前的中央经济工作会议精神，为进一步恢复交易、促进房地产市场平稳健康发展，按照国务院有关部署，而出台的一项政策。那么，既然是落实政治局和中央经济工作会议的精神，为什么这么简单的政策，过了这么长时间才出来呢？在此，我猜测主要因为两点：

第一，迟疑是因为不愿意走这一步。毕竟这么多年来一直打压房地产市场，一直认为房地产市场存在很多问题，一直认为房地产业是个“坏孩子”，一直认为房地产业过度发展，一直认为房地产市场“有泡沫”，一直认为2009年时不应该救房地产市场，一直认为房地产投资、投机比重高，必须去杠杆化。民间一直说“房地产领域官商勾结严重”，官方也一直表态“不救市”“不刺激”。这时，要冷不丁地在态度上来个180度大转弯，无论谁都是很难为情的。

第二，迟疑是因为对其他救市措施抱有很大希望。20多年来，政府对房地产业的态度，历经热爱、怀疑、打压、冷暴力几个阶段。房地产业通过产业链的作用，几乎把整个国民经济串联起来，所以，当打压房地产行业、出台限制措施时，绝不仅是该行业的交易和投资收缩问题，整个国民经济都会受到极大影响。此前决策层希望靠基础设施建设和“大众创新”“万众创业”来对冲房地产业下滑带来的增长损失，但万万没想到的是，经过两年多的实践，根本无法达到目的。2015年结束了，最终重要经济指标的数据已经出来了，很不理想，而2016年1月份的形势依然偏冷，这就要求必须转变了。

之所以在2月初出台这个政策，是因为距离“两会”召开只有一个月了，必须预热气氛了。这一年中，不管统计数据如何，大家在实践中都感觉不如人意，消费、投资增速下滑，破产、倒闭消息不断，金融诈骗、民间集资案件频发，社会底层抱怨增加。而“两会”不仅仅是政府的汇报会，也是“政绩”评价会，很多代表、委员甚至会提出“质询”。如果不尽快增加交易，让大家看到去库存的行动，显然是不合适的。

我发出“首付调整消息”这条微博后，任志强到我微博上留言：“羞羞答答的，不肯干脆、直接降为统一的两成首付！”他在自己的微博上也连发几条评论：“出个政策也婆婆妈妈的？”“明明是过时的限制性政策，就是不肯统一降到首付两成？”“我看是继续与‘取消过时的限制性政策’对抗！”任总和我一样，一直在批评限购限贷政策，认为中国的首付太高，不利于年轻人和低收入阶层购房，更不利于当前的去库存工作。任总所说的“羞羞答答”“婆婆妈妈”，一是指几个一线限购城市，首付仍未降低；二是对非限购城市，明明是降为20%首付，却非要说“原则上最低首付款比例为25%，各地可向下浮动5个百分点”不可，对以往政策做了“遮羞性”表述。至于为什么“犹抱琵琶”、羞羞答答，任总内心明白得很，我上面其实也已经间接回答了：没有人愿意直接、彻底地否定自己。

## 三、首付新政效果会怎样?

2008 年中国陷入经济危机时，我在博鳌房地产论坛上公开演讲说“没有房地产业救不了中国”，实践证明我说对了。2009 年，强力的房地产救市政策出台，中国经济在全世界范围内率先走出低谷。2010 年春天，随着房价的上涨，中央又出台了严厉的限购限贷政策，打压房地产市场。那年夏天在博鳌房地产论坛上，我又做了《没有房地产业保不住中国》的演讲，这两次演讲都引起了极大争议。

随着房地产市场形势的逐步恶化，我一直在说“不救房地产市场是不可能的”“救房地产市场就是救政府、保政权”。这当然是站在执政者角度推导出来的结论，因为我知道很多人对房地产业地位的认识有严重缺陷，他们不知道房地产业既是支柱产业，又是主导和先导产业（这个观点我讲了近十年），但现实最终会促使大家认识到：除了依靠房地产业，没有第二条路可走。当然，我也要说：一直这样下去，不通过大的体制改革降低政体消耗，房地产业也无法背着中国持续前行。

回到对政策效果的预测上——这项降首付的政策，能否有力地促进交易的回升，彻底解决去库存的问题呢?

我认为这项政策是比较有力的。我在以往接受海内外投资者咨询服务，帮助一些委托者设计房地产投资方案时，是高度关注首付比例与杠杆回报的。我在通过不同途径递交的救市建议中，也很强调降低首付的意义。我认为这项措施如果能踏踏实实落实下来，对大部分城市的救市作用会很明显。对一些前景看好、房价较高、人口净流入的城市，意义尤为突出。与前期释放流动性的一些措施结合起来，效果可期。

但是，这绝对不是说对住宅降低一下首付，增加一些贷款，就万事大吉了。中国房地产信贷政策其实有很多不合理、不利于长期发展的因素。此前我在一份材料中曾写到，除了传统的降准、降息外，“可以考虑的新的信贷政策包括：（1）降低住宅首付，提高贷款额度：将首套购房的首付下调至两成，包括使用公积金贷款的情况，二套及以上的贷款首付降为三成。（2）允许住宅购买者五年内只还利息不还本金。（3）将住宅按揭贷款期限最长延至40年。（4）在子女共同作为还款人的情况下，允许退休人员抵押房产用于再购房或其他经营活动。（5）将商铺、写字楼的贷款比例提高到60%，贷款年限延长至15年或20年，利率也不上浮。（6）借鉴国外经验，实施按揭贷款利息抵扣个税政策。”可见，要去库存，促进市场长期、稳定发展，仅在信贷方面就还有很多工作应做。

除了信贷政策外，在取消限购等不合理、过时政策，控制土地供应，协调棚户区改造与去库存工作之间的关系，降低税费负担，引导舆论等方面，也都需要进行一系列的调整和清理工作。这些都是去库存、实现房地产行业健康发展的条件。

还有一点我必须指出：虽然中央政府愿望是美好的，但无论怎样救市，有一些烂尾已经不可避免，有一些损失不得不承担，有一些残局亦无法收拾。任志强前段时间提到过“炸掉”的问题，虽是一时的意气说法，却也是很现实的课题。一些人口和经济衰退的城市，都会遇到这样的项目，甚至是成片的区域。市场分化还将继续进行下去。我始终认为，这不是什么房地产“泡沫”的表现，更不是投资的盲目性所导致，恰恰是调控干扰了价格信号，使其失灵，致使投资决策秩序紊乱所致。这其实和制度与文化有关，说多了不好，大家各自感悟吧。

有一些城市的房地产存量虽然可以逐步消化，但投资价值也会大降。这不是说不涨价了，而是说能不能跑赢通货膨胀的问题。关于现实经济中究竟是通货膨胀还是通货紧缩的判断，我认为大多数人说得都不对。他们只是盯着CPI、PPI说事儿，忽略了资产价格的变化，要么是思维阻滞，要么是诚心想欺骗舆论。这个问题我多次在针对粉丝的投资理财培训课堂上讲过，也反复告诫过学员：要敢于对自己的不动产财富动“大手术”，调整、优化配置，否则你的财富将随着区域的衰退而消融掉，你也会成为失败者。

想起了另一个关于老王的段子：隔壁老王家最近猪肉卖得不好，把老王愁病了，就换了女儿去摆摊儿，结果最近小区里大妈都夸儿子懂事了，老往家里买猪肉，冰箱里都放不下了。原段子是想说，同样的事，不同的人，会有不一样的结果！而我借用这个段子，告诫大家：机会来了，诱惑也来了，不管哪个部位、哪种质量、哪种家畜的肉都买，恐怕也不行。

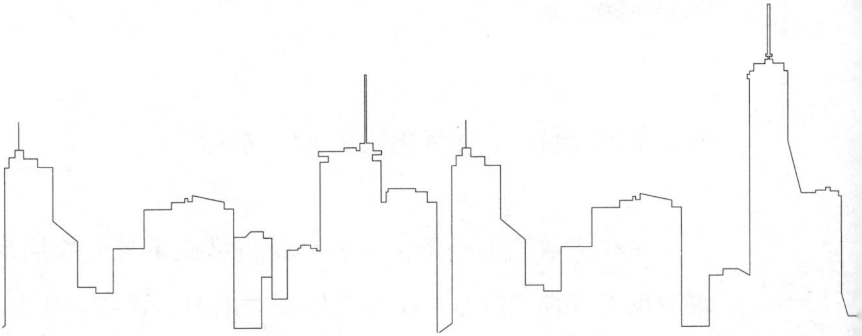

## 羞答答的政策急火火地来

### ——评信贷资产质押再贷款政策

（2015 年 10 月 12 日）

距9 月 30 日央行、银监会发布《关于进一步完善差别化住房信贷政策有关问题的通知》和住房城乡建设部、财政部、中国人民银行发布《关于切实提高住房公积金使用效率的通知》仅十天，政府就又出救市政策了，简单地说就是信贷放水，只不过仍然羞羞答答地蒙了一层面纱。

## 一、别无出路，只有急火火地“放水”

在经济增速不断下滑，各种救市措施不见效果的情况下，政府决定继续“放水”了。当经济衰退时，税收负担只能加重（预征、查税等大量出现），不可能减轻，因为庞大的政体消耗无法降下来，减税没有任何操作空间。这样就剩下一条路：“放水”！当然，“放水”有多种方式，也一直在放，但仍然不行，那就只有加大阀门，或多开阀门了！

三季度的统计数据还没有公布，数据肯定不理想。这样，根据常规思维，会在公布这些数据前，出些刺激政策。财政政策的力度已经够大，政府都“气喘吁吁”了，只能依靠货币政策。10日下午4时19分，我发布了一条微博：“前天黄昏散步，走到一个十字路口，看到一位大妈在烧纸，边烧边抹泪边嘟囔着：收到了全都买房吧，买大城市的。千万别再买股票了。”我试图用这条微博告诉大家：要放水了，估计银行要增加货币供应了。我绝对不是事先得到了什么消息，而是根据前八个月的宏观经济数据和我最近的观察，感觉真实经济状况在继续恶化，市场悲观情绪进一步增加，政府再不出手，就等于宣布今年GDP增长目标保不住了。如果信贷放松，应该在9月和三季度主要统计数据公布之前。而进入中旬以后，这些数据就要陆续公布了，不能再等了！

我的这条微博发布41分钟后，央行在下午五点整发布消息，宣布在上海、天津、辽宁、江苏、湖北、四川、陕西、北京、重庆九省（市）推广信贷资产质押再贷款试点，此前信贷资产质押再贷款试点业务已经在山东、广东开展。

所谓的信贷资产质押再贷款，对中国而言，还是一个全新的货币工具，它以金融机构非标准化的信贷资产作为从央行获得再贷款的合格抵押品。这一政策工具的应用，将极大地扩展中小金融机构从央行获得再贷款的合格抵押品资产范围，提高了这些金融机构信贷资产的流动性。按照央行的新闻稿所说，信贷资产质押再贷款试点是完善央行抵押品管理框架的重要举措，有利于提高货币政策操作的有效性和灵活性，有助于解决地方法人金融机构合格抵押品相对不足的问题，降低社会融资成本。

## 二、已有准备、尚不成熟的管理工具

其实，为了给“稳增长”提供资金支持，央行一直在研究流动性“注水”渠道的扩展问题，试图将渠道多元化。这对减轻舆论压力是大有好处的，公开的说法也可以叫“金融改革”“金融创新”，可以把被动措施变为积极举措。而信贷质押再贷款试点的铺开，就是除了信贷资产证券化思路之外的又一条“放水”渠道。按照官方此前的说法，这两种业务种类都是“盘活信贷存量”的可开发渠道。

回头看看本届政府执政以来的经济状况，除了刚接手时 GDP 增长状况还算稳定外，其他指标都在下滑。2013 年 7 月 GDP 月度增长状况也开始掉头下滑，而且在采取了很多救市措施后，仍不见好转迹象。2014 年，市场继续弥漫着悲观情绪，并出现了一些影响较大的破产、“跑路”事件，政府也被搞得很紧张，疲于应付。2015 年以来，宏观经济继续面临下行压力，在保增长、促转型的背后，迫切需要银行信贷资金有的放矢。虽然央行货币政策仍强调“稳健”，但其实早已经启动了宽松进程，聪明人从“灵活运用各种工具组合，保持银行体系流动性合理充裕”的说法中，早就明白了一切。为保持舆论的稳定性，在结构性的资金量调节工具上，央行将创新的货币政策工具试点进一步扩大，突出“定向”和“定量”的特点，并把盘活信贷存量工作贯穿于今年一整年中。

早在 2014 年，央行就频频探索针对结构性调节的货币政策工具，采取了质押的方式为银行体系注入基础货币，如中期借贷便利（MLF）和常备借贷便利（SLF），但质押品多为国债、央行票据、政策性金融债、高等级信用债等，而信贷质押再贷款则相当于调节流动性的质押式模式“升级版”。查找央行在《2014 年第四季度中国货币政策执行报告》中的陈述，可以看到“新增信贷政策支持再贷款，构建中央银行抵押品管理框架，加大再贷款、再贴现政策力度，加强信贷政策的结构引导作用”的说法，并承认当年在山东、广东两省开展信贷资产质押和央行内部评级试点。

信贷资产质押再贷款本质上与抵押补充贷款（PSL）类似，将注入廉价流动性与商业银行的信贷投放更紧密地联系起来。根据广东、山东两省的试点，只能说初步形成了操作流程和可复制推广的思路，包括评级、核查等，甚至对信贷资产质押准入范围列出一些“负面清单”，但试点时间很短，业务量也很小，应该说还很不成熟，一些经验、教训尚没有足够的时间呈现出来。由于央行此前已经对“放水”确定了“渠道多元化”的指导思想，且在年初就“放风”：为保障央行债权安全及解决中小金融机构合格抵押品相对不足的问题，今年将逐步推广分支行信贷资产质押和央行内部评级试点。所以，迫于形势，只有“赶鸭子上架”，借“扩大试点”的说法，变相、提前把还不成熟的政策推出来，用于救市了。

## 三、信贷资产质押再贷款的操作

广东省从2014年就开始试点，2015年继续探索，并把全省的信贷资产质押试点总规模提升到50亿元以上，试点对象也将扩大到全国范围内所有的地方法人银行，质押试点再贷款种类增加了支农再贷款。

按照广东省的经验，信贷质押业务主要是由央行按照既定的评级模型和体系，对银行的贷款企业进行评级，并以其中合格企业的优质信贷资产为质押向银行发放再贷款。这样就可以给商业银行注入新的可贷款资金，银行的信贷规模就可以明显放大。按照广东的做法，信贷资产质押再贷款流程上可大致分为四个步骤：对银行评级—对贷款企业评级—资产备案核查—贷款申请发放。在这种操作模式下，银行将达标企业的全部信贷资产打包建立质押品资产池，然后向所在地央行机构申请预先备案，而央行机构从银行备案的信贷资产池中选择适当的信贷资产，按照一定比例折扣后用于质押，再给银行发放再贷款资金，这样就为商业银行体系注入了新的流动性。

为了控制风险，央行设置了可质押门槛。央行山东分行行长杨子强就曾对媒体披露：“并非所有的企业信贷资金都可以做抵押，比如房地产企业的银行贷款就不能抵押，产能过剩行业基本上也不能做。不过，每个地区不一样，针对的可质押信贷资产的准入范围也不同，这需要央行各地方分行来制定操作细则。不过，根据央行总行的要求，选取的信贷质押资金池里必须都是比较优质的资产，我们会组织团队到银行放贷的企业去考察，进行有效的评估。”山东 2014 年仅仅试点了九个亿的信贷质押再贷款，2015 年额度稍微扩大了一些。

此前，央行在拓展此类盘活存量信贷的渠道时，根据中央政府的宏观调控指导思想，强调把这部分资金引导到支持“三农”和“小微”企业发展方面。因为银行获得的资金成本不高，因此银行再用这些资金放贷的信贷利率也要体现出政策支持。广东省截至 2014 年末，累计对三家试点机构发放了信贷资产质押再贷款，金额为 16.77 亿元，向全省 200 家“小微”企业发放了贷款，平均利率比同期限同档次的其他贷款利率低 0.75—3.6 个百分点，为“小微”企业节约利息成本约 3 000 万元。这是银行方面的说法。

## 四、是“竹篮打水”，还是一剂良药？

在流动性不足、基础货币缺口日益扩大的背景下，央行要么全面降准，要么利用其他管理工具，把中长期流动性放大。过去是以外汇、债券、票据等为抵押向商业银行提供基础货币，在宏观经济形势变化，其他流动性释放渠道变窄的背景下，急需新的基础货币投放渠道。而以前再贷款的缺陷在于不需要信贷抵押品，存在信用风险问题（所谓的“再贷款”，是指央行对金融机构发放的贷款，是央行重要的货币政策工具之一，此前央行提供的再贷款基本上为信用贷款，即没有抵押物和质押物），信贷资产质押再贷款这项措施恰恰可以为再贷款提供合格抵押品，在某种程度上缓释信用风险，并补充基础货币。

这次虽然不是在全国范围内推行此政策，但扩大到以沿海省份为主的九省市，再加上原来的两个试点省份，就是 11 个省市了。没有在全国推广，是因为确实还不够成熟，但继续在两个省试点，显然无法借助此方式快速增加流动性，扭转经济增长的颓势。这就是这次扩大试点的真实背景——其实已经不是扩大试点了，但普通人看不大出来其中蕴含的政策宽松信号。经济总量大的省份除了浙江、河南、河北、湖南、福建等信贷风险相对大的省份之外，已经全部开始推广，西部也选了三个经济和信贷情况稍好的加以推广。

我要说的是，这已经不是微刺激层面的措施，结合着其他财政政策和货币政策的内容与力度，这是强刺激方案（尚未稳定、完善）中的一味重药。政府已经知道，如不采取有效措施，对冲地产和传统经济下行压力，保增长已经成为不可能实现的目标了。

按照前两个省的试点做法，央行通过设定不同信贷资产折扣率，比如将符合经济转型要求的“小微”和“三农”信贷资产设置更高的折价率，折价率越高的信贷资产可获得越多的基础货币，为金融机构向“小微”和“三农”贷款提供正向激励。如果继续这样做，能够达到保增长的目的吗?

我认为很难。首先，“三农”和“小微”类资产风险溢价较高，是否能够有效激励商业银行信用派生行为还需观察。如果过度激励银行将贷款投放到风险溢价较高的资产上，可能会产生坏账风险。而且各家商业银行对“三农”和“小微”类企业的积极性原本不高，如果逼着银行去做，必然私下增加信贷条件，这样实际信贷成本就会上升，“三农”和“小微”企业就会因使用不起，从而自动退出信贷市场。其次，“三农”和“小微”类企业大多处于产业链的神经末梢，前向关联、后向关联和侧向关联都不强，投资的乘数效应很差，根本起不到对冲传统部门下行压力的作用。而拉动效应强的房地产业等，此前恰恰处于被排斥、不支持的范围。再次，从目前市场上的企业债务状况看，由于逼债紧、自有资产少，很多“三农”和“小微”拿到新到资金后也都用于还债，或者携钱跑路了，真正用于生产经营的可能性低。

所以，我认为，如果不调整信贷支持的方向，还沿用此前的思维指导信贷工作，就抓不住“牛鼻子”，仍然无法发挥出市场所期待的救市力度和政策效果，恐怕又是竹篮打水空欢喜。浪费了“子弹”不说，还会因此加重市场的悲观气氛，影响中央政府的权威性和形象。

但问题是，高层意识到此前的决策偏差，决定借此进行调整了吗?

## ■ 利率打折或降息已经成为政治需要

（2015年4月25日）

降准以来，房地产市场有了回暖迹象，但是除了极个别城市，全国大部分城市，并没有出现交易量暴涨的情况。造成这种状况的原因是多方面的，其中之一是预计可能的后续政策导致观望情绪仍然很强，特别是对贷款利息的期盼，使得很多人迟迟不出手。

已经有银行对利率打折，做出让利。但市场感觉力度不够，仍然难以承受“资金之贵”。银行是企业，当然也要生存，虽然做了些让步，但似乎没给出让大家满意的态度。所以目前市场仍处于僵持状态。

最近，有很多粉丝一直追问：董藩教授，会不会降息呢？我要不要再等等？我认为，要么银行推出较有力度的打折措施（8.5 折甚至更低），要么降息，上半年至少会出现一种情况。原因在于：

1. 实体经济的低回报状况确实无法支撑目前的利率水平，再这样下去更多企业会垮掉。现在东北、内蒙古、山西等地已经到了很危险的地步。

2. 很多著名企业家和小企业经营者在不同场合向政府告状，痛斥银行的高利率状况，言辞激烈。政府最近也通过不同渠道，了解了很多企业融资方面的情况，已承诺采取措施，给企业界一个满意的答复。政府终于感到只是“滴灌”根本不行。于是专门走访银行，要求金融领域支持实体经济包括房地产业的发展，已经实施的降准就是第一步。

3. 四大商业银行是国有控股银行，行长为国务院任命的副部级干部，其兼任的银行党委书记是中共中央批准的，他们关键时刻必须表态，必须讲政治。现在国务院的态度已经很明确：保增长就是最大的政治要求。我曾谈过这个问题。四大行若采取了降息或利率打折措施，其他商业银行必须跟进。

4. 最近的降准力度很大，释放了大量流动性，为降息或利率打折提供了可能性。这是今年以来央行的第三次出手，在之前的 2 月 5 日和 3 月 1 日，央行先后进行了降准和降息。但远没达到政府的预期。于是基于增强流动性的想法，这次加大了力度，从推出的时点看也很急迫。降准之后有降息，这几乎是惯例。若不降息，央行就会采用窗口指导方式，要求各家银行对利率打折。

5. 一季度的宏观经济数据继续下滑，仍无掉头上挑迹象，迫使政府回到救市思路上来。由于这个转变来得太晚，错过了最佳救市时间，必须出系列大招才可能扭转局面。降低企业和买房人的利息开支已经成为不二的出路。

## ■ 为啥这次“一炮双弹”？

### ——从降息、降准看大人物们的“心病”与小人物们的“算盘”

（2015 年 6 月 28 日）

大人物们的心思，小人物们是根本不懂或者说只能是似懂非懂的。大人物们会做出引导性解释，智囊或者学者们也会去做各种解读，但究竟对不对，只有大人物们自己知道。有些事情，若不是多年后的解密，小人物们永远不知实情。而且即使解密，是否真实也不好考证。

6 月 24 日召开的国务院常务会议通过了《商业银行法修正案（草案）》，该草案删除了贷款余额与存款余额比例不得超过 75% 的规定，将存贷比由法定监管指标转为流动性监测指标。6 月 25 日，央行时隔两月宣布重新启动逆回购，为中小金融机构释放短期资金。6 月 27 日晚间，央行再次宣布自 6 月 28 日起有针对性地对金融机构实施定向降准，同时下调贷款和存款基准利率 0.25 个百分点，以进一步降低企业融资成本。

几天之内，连放三炮，而且最后一炮还是“双弹”，信贷制度和政策的变化不仅让人眼花缭乱，更是出乎意料。对一个严格实施金融管制的国家来说，废掉实行了几十年的存贷比数量管制，你若说是执政者进行的一次改革而不是无奈之举，大多数人会半信半疑。而随后接连推出的“放水”政策，无论如何不能再说是改革举动。并且，自 2014 年 11 月启动本轮降息、降准周期以来，再次推出第四次降息、第三次降准，还是一天内同时宣布降息和降准，实属罕见。这么大力度的政策只在 2008 年应对“次贷”危机时使用过，此次是七年来首次再用。大人物们面对的真实挑战与巨大压力，由此可见一斑。

为什么会这样？很多人，尤其是在省会以上大都市和核心城市生活的人，没感觉到这么严重，而且全社会似乎正被“一路一带”“京津冀协同发展”“大众创业”“万众创新”“互联网 +”等激昂战略所鼓舞，没有几个人感觉到我们正踩在浮冰之上，有跌落、沉溺的危险。这就是普通人与政治家视野的差别，也是信息传播阻滞的证明。来自政治、社会、民族等方面的压力、冲突暂且不说，仅仅经济增长，就给大人物们带来了巨大压力。面对来自海内外的对去年 GDP 增长数据的质疑，大人物们做了很多努力，力图让社会各界看到中国还是有能力保持经济的中高速增长的，但统计数据实在不争气，在上半年即将过去时尚未出现“令人鼓舞”的苗头。

在刚刚公布的 5 月份统计数据中，居民消费价格指数（CPI）同比上涨仅为 1.2%，而此前调查的预估中值为 1.3%；工业生产者出厂价格指数（PPI）同比下跌 4.6%，预期值为 4.5%。环比来看，5 月 CPI 环比下跌 0.2%，PPI 环比下跌 0.1%，这已经是 PPI 连续 40 个月下跌。这些数据说明经济仍处于持续衰退之中，局面仍令人担忧。

不仅基本经济面不见好转，各行业也未见多少起色。拿大家觉得形势有所好转的房地产业来说，在刚刚过去的前五个月，全国土地成交价款仅有 2 191.77 亿元，比上一年度同期下滑 25.8%；土地出让面积 7 650.48 万平方米，同比下滑 31%；全国商品房开发投资累计完成 32 291.84 亿元，同比增长仅 5.1%，远低于过去 20%—30% 的同比增幅；全国房地产开发投资实际到位资金 80 180.6 亿元，仅增长 2%，亦远低于历史数据；商品房销售面积增长 35 996.38 万平方米，同比下滑 0.2%；商品房销售额 24 408.62 亿元，同比增长 3.1%；房屋新开工面积 50 304.75 万平方米，同比下降 16%。如果不按照月度进行比较，把前五个月看作一个观察期，房地产形势与去年同期相比总体上更差了。

但不管怎么说，经济建设还是社会管理的重中之重。如果今年的 GDP 增长目标无法达到，不仅影响政府的形象，更重要的是可能推倒多米诺骨牌，引发系列危机。靠“大众创业”“万众创新”，短时间内是不可能挽救增长颓势的。中国不允许社会动荡，要保证社会稳定，就必须确保必要的增长速度。而7%的增速已接近增长的底线要求，再低就必须付出其他维稳代价。而在衰退背景下，保稳定也已经成为“心病”，无时无刻不在耗费着大人物们的精力，特别是东北、内蒙古、山西等严重衰退区域，已经到了让人头疼的地步。在衰退的重压之下，时不我待，只有暂缓转型，加大放水，稳定市场信心了。

按照经济学理论，刺激经济增长原本有两条基本思路：一是减税；二是实施宽松的货币政策，释放流动性，就是我们所说的“放水”。但是，现行政体消耗巨大且无法收缩，毫无疑问，减税的思路是行不通的。最近经济严重衰退，但体制内照旧涨工资，这就是明证。这样，刺激经济增长的思路就只剩下“放水”了。当然，基于现行体制及市场状况，我不反对“放水”。在两个月前的救市建议中，我是坚决主张降息、降准的。但在大水漫灌的大背景下，小人物们如何自救，就成为生存的智慧！

据说这次降准、降息又将释放4 700亿元的流动性。这是支持实体经济发展，扭转利率偏高、企业融资成本过高的举措。但这些释放的流动性究竟有多少能进入大人物们或者央行设想的“实体经济领域”（注：他们心中的实体经济没包括最大的实体经济行业——房地产）？没有多少。原因是普通消费品市场的需求已经达到饱和状态，供应充裕，而需求没有大幅度提升的任何可能。当银行给某个家庭100万元贷款的时候，他家几乎不可能用这笔钱去旅游、聚餐、买衣服等，这就是CPI一直低位徘徊、消费领域不能再大幅吸收流动性的原因。在产能过剩、大部分工厂主为销售发愁的时候，工业投资扩张动力也不足，PPI 一路下滑，这些实体经济领域也难以大量吸收流动性。除了政府搞基础设施建设外，能吸收流动性的恐怕就只有股市和房地产市场了。这一轮股市从 2 000 多点上涨到 5 000 多点，除了与政府不可能明说的动机与诱导有关外，显然与货币政策的放松也高度相关。

让我们看看房地产市场，这是一个可以大量吸收流动性的市场，土地交易、房地产开发、商品房买卖都需要信贷资金给予大量支持，房价、地价连续多年上涨正是流动性进入这个领域的基本表现。房地产市场早就是中国最大的“蓄水池”，多年来若不是它吸收了大量流动性，中国不知道会变成什么样子。但是调控思路、土地财政格局、干部任命制度及户籍管制使得全国房地产市场出现了严重的分化格局。在最近以深圳为领头羊的一线城市房价上涨过程中，由于此前调控方案设计不够科学，三、四线城市受到的带动作用很有限。

房价还能继续涨下去吗？当然能，只不过这是指全国的平均值，不是指所有城市。如果只看一线城市，大涨的过程是远未结束的。但是，在平均房价仍然长期看涨、一线继续大涨的背景下，一定会有很多中小城镇陷入衰退之中，价格稳定或者阴跌、商品房出售困难、大量业主被套住。因人口外流或人口增速远低于全国平均增速，这些房屋的使用价值大大降低，持有者的财富渐渐缩水；而大都市、核心城市及周围有增长潜力的卫星城因人口快速增加而房价大涨。这是一个看不见的战场，财富通过这个战场被重新分配，有些人因此暴富，另一些曾经的富有者却被剥夺，只是这种剥夺借助的不是暴力，而是智慧，是对社会发展趋势的洞察力和对房地产市场内在规律地精准把握。

回头说一下政府和经济学界一个误导了全国人民的错误认识：CPI、PPI 很低就意味着通货紧缩，通货紧缩就意味着货币保值甚至增值。政府和大多数经济学家都说现在是通货紧缩，不存在货币贬值问题。其实，用这两个指标评价货币购买力的稳定性，是严重偏颇的。通货膨胀是流通中的货币数量超过经济实际需要而引起的货币贬值和物价水平全面而持续的上涨现象，这是针对整个社会购买力而言的，不仅仅指 CPI、PPI 对应的普通消费品和生产资料价格变化，还包括房屋与土地的价格变化。当政府不断往市场中注入流动性、大部分流动性被房地产市场吸收、房屋与土地价格不断上扬时，没有从这个角度看通货膨胀有多么严重——不买房简直就是被洗劫。要把这部分私人置业投资价格的变化算进去一起考察通货膨胀状况才对。在 GDP 增速远低于 M2 增速的背景下，哪来的通货紧缩呢？这么说的人要么是思维短路，要么是别有用心。

每个人心中都有个小算盘，是专门用来应对外界变化的。在不断“放水”、通胀严重的大背景下，小人物们不打好自己的小算盘，就要被洗劫，沦为贫者。只是有的人算账快，有的人算账慢；有的人算得对，有的人总算不对。有的人为保值增值，进入了股票市场，但中国的股票市场投机性极强，偶尔赚一下且能跑掉才可以。长期沉浸其中，90% 的人结局很惨。所以我总体上是不赞同普通百姓进入这个市场的。古董、字画、集邮、玉石市场是小众市场，而且鱼龙混杂，没有慧眼是不能进入的。其他理财市场要么回报低，要么风险大。比较靠谱的就是房地产市场，但目前必须找到“风口”，进入长期成长型市场，并具备一定的投资方案设计能力才行，傻买的时代早已过去了。当然，针对“风口”区域或需求稳定上升的大都市中的房地产项目而设计的投资产品也可以购买，只是一般不能只关注回报，必须研究风险控制，要尽量与背景好、经营能力强的开发公司及有严格风险控制措施的项目合作。

# ■ 不要低估救市决心，不要高估救市效果

（2015 年 4 月 5 日）

2014 年以来，我通过微信公众号发表了一系列预测和评论，其中观点被陆续验证。大量粉丝给我留言，问我“还会不会出政策”“房价还会不会暴涨”“要不要立即买房”等问题。盛情难却，我就写篇小文章，简单谈谈这些事儿。

## 一、姗姗来迟的组合拳

忠实的粉丝都知道，限购限贷政策刚一推出，我就坚

决反对，并一直在呼吁取消限购限贷政策，放松信贷管制。但那时中央政府放松房地产市场管制的思路并不明确——虽然默许了地方政府救市，也很希望房地产市场景气线回升。

2014 年 11 月 21 日，央行宣布出台信贷新政，中央政府用行动宣告：无论是房地产业还是其他行业，必须一起救起来，要采取有力措施，扭转经济增长下滑趋势。当时我估计，从 2014 年 12 月底至 2015 年 2 月间，中央政府可能打出一系列组合拳，扭转经济下滑的趋势。

今年 3 月初，两会召开，我在国务院的《政府工作报告》中看到了变化：报告重提“稳定住房消费”“支持居民自住和改善住房需求，促进房地产市场平稳健康发展”。这些表述与去年有着明显区别，不仅未见“调控”“抑制”等提法，更是明确要“支持”“促进”，“研究开征房产税”等说法也不见了踪影，救市心情之迫切溢于言表。

3 月 27 日，国土资源部、住建部联合下发《关于优化 2015 年住房及用地供应结构促进房地产市场平稳健康发展的通知》，提出了多条救市措施。3 月 30 日，中国人民银行、住建部、中国银监会联合宣布，下调二套房个人贷款首付比例，将最低首付比例调整为 40%；同日财政部发文放宽个人住房转让营业税免征期限，由购房超过五年（含五年）下调为超过两年（含两年）。

组合拳终于打出，只是有些姗姗来迟。

## 二、不要低估救市的决心：后面还有连续政策

每当房地产市场出事时，我从来就不怀疑政府会救市！我也从来没有说错过，这是由房地产业的地位和产业关联性决定的！

2008年，中国受“次贷危机”影响，经济危机全面爆发。此前的严厉打击再加上经济危机的冲击，使得房地产市场遭受重压。2008年12月开始，我接连做了几场演讲，主题都是强调“没有房地产业救不了中国”，并给中央政府提了一系列救市建议。这个救市思路最终在2009年被中央政府采纳，当年商品房交易规模达到了7万亿元以上，这还不包括数量巨大但在统计数据中未体现的农村房产、小产权房、军产房、城中村自建房等。

交易的恢复、价格的上涨，给政府带来了巨大压力，同时政府也认为打击“投资投机需求”十分必要。因此，在控制不住房价上涨的情况下，2010年春天，中央政府推出了至今未彻底取消的限购限贷政策，市场再次面临巨大压力。我认为这一政策有违经济规律，预感到这样下去可能“请得了神送不了神”，于是又做了一系列主题为“没有房地产业保不住中国”的演讲。我的观点同样引起轩然大波。2012年4月27日《人民日报》发表文章《不要低估调控决心 救市只是传言》，指出“不论是购房者还是开发商”都不要“对楼市调控政策的放松充满期待”。

此前，面对不断下滑的经济增长率，政府对房地产市场确实没有救市想法，至少迟迟没有推出有效的救市措施。我曾经在《政府有意，市场无情——强刺激组合拳可能被迫推出》一文中

解释过原因。

但是，此前以基础设施建设为主，以棚户区改造为辅的救市思路终于被证明效果有限，无法阻止经济增长速度的下滑。中央政府也终于认识到没有房地产业确实保不住中国的经济增长。先是厉以宁先生转变说法，释放口风，接着是政策的大转身，然后是一系列政策的推出。

所以我说，不要低估救市的决心，不但中央层面还会有降准、降息等政策，各地政府也还会有连续政策推出。

## 三、不要高估救市的结果：沉重的代价已不可避免

既然我说不要低估政府救市的决心，后面还有连续政策，那么问题来了：救市是否会达到2009年那样令人满意的效果呢？

答案是否定的！尽管中央政府表态积极，各部委政策频出，地方政府救市也卖力，甚至愿意掏钱收购开发商卖不掉的商品房，但仍难以达到理想的救市效果。一、二线及少量三线城市交易量会上升，大部分楼盘的价格也会止跌，热点区域甚至会继续上升，但也有很多三、四线城市将长期处于“痛苦”状态，个别城市的损失可能永远无法挽回。鄂尔多斯、温州等个别城市的问题，则与城市功能发育不足、主导产业震荡与衰退及投机文化带来的市场共振有关。

房地产业的高增长过程还没有结束，但分化甚至分裂已成必然。我说不要高估救市的结果，是有原因的。

第一个原因当然是我说的“救晚了”。物理学上有个“加速度”概念，是用来表示单位时间内速度改变程度的矢量。如果某物体从坡上滚落，呈加速运动状态，初期想阻挡它，所用力量较小，越晚，则所需力量越大。从今天我在基层所了解的经济增长状况来看，早一年救市，经济完全不会出现危机；早半年救市，经济衰退程度可控；如今再救市，已然付出了不小的代价。具体表现在大部分三、四线城市的存货和可预售的面积积压比较严重，一些城市的高利贷崩盘，百姓闹事，由此带来很多企业的关、停和社会秩序的变化。而面对这么大的商品房供应及此前一些项目的债务危机甚至烂尾现实，让百姓重拾信心、放心买房，实在是很难的事情。

第二个原因是政策还会出很多。我在《楼市必须救，大厦不能倾——关于救市的“董氏药方”》中说过，只要采取我所说的五条思路（不只是五条措施，有的思路可以包含多条政策内容），救楼市其实“易如反掌”。这里，我再提出几条建议：（1）中央政府明确宣布在全国范围内取消限购限贷政策，尤其是一线城市的限购政策必须取消，买房贷款不受套数限制，只受还款能力限制，这样一线城市交易量及价格大涨，必然对全国市场产生连锁带动效应。（2）放缓棚户区改造进程，先解决好去库存问题，防止雪上加霜。（3）通过中央文件，重新承认房地产业的重要产业地位，引导舆论，改变市场预期。希望这三条能被采纳，那问题就好解决了。

第三个原因在于庞大的政体开支与不断衰退的国民经济之间形成了冲突。中国的政治体制与西方国家完全不同，公务员体系、党务体系和事业单位要运转，庞大的维稳开支、军费开支，以及一系列的财政支出。这决定了财政收入不能下降。但目前“三驾马车”都已经处于半熄火状态，国民经济似乎背不动现行政体了。只要土地财政枯竭，政体运转就要受到威胁。而越卖地商品房供应就越大，不卖地又不行，经济价值高的土地又在减少——难题出现了！

第四个原因是救市的大环境不如过去。房地产业地位与声誉的江河日下，房地产学科教育的落后，房地产问题的政治化、道德化、娱乐化、社会化倾向，对开发商妖魔化、暴力化的情绪表达，都对这次救市及今后房地产业的健康发展很不利，而这些问题都具有长期性，在短期内无法解决。另外，《不动产登记条例》的出台对市场交易的影响也很大。意识形态和思想政治领域的新动向，都增加了市场敏感情绪，使很多资金流向了海外房地产市场。

## ■ 蚂蚁拉石磙，效果有多大？

（2015 年 12 月 15 日）

盼望着，盼望着，最重要的一个会议终于开了，我却有些失望了。

12 月 14 日召开的会议，分析、研究了当前的经济形势和 2016 年经济工作，研究、部署了城市工作。会议提出“要化解房地产库存，通过加快农民工市民化，推进以满足新市民为出发点的住房制度改革，扩大有效需求，稳定房地产市场”。

此前我说过，年前将有三次重要会议，每一次关于房地产的内容都是会议重点。这次会议对房地产市场的核心工作——去库存，提出了一个新思路：通过农民进城，帮助消化房地产库存。预计中央或地方政府随后会出台政策，加大对农民在中小城市首次购房的支持力度，给予直接的购房补贴或利息补贴，降低相关税收。同时会研究把农民纳入公积金缴存体系，方便农民贷款。还可能提高拆迁货币补偿比例，库存特别高的城市全部用货币补偿。

提出这样一个救市思路不奇怪，这是住建部绞尽脑汁想出的一套救市办法。我不反对这个思路。多年来，购房按揭、税收优惠、财政补贴、公积金贷款等政策都与农民无关，确实很不公平。农民阶层在整个社会发展过程中不断被边缘化。但是我想说的是，政府采纳这一思路，本质上是基于房地产市场可能产生的巨大风险而采取的短期救市措施。如果从这一直接目的考虑，我认为该思路意义不大。

首先，农民群体缺乏财富积累，购买力比较弱，收入不稳定。近年来，一个城里人的收入相当于三个还多的农村人的收入。城镇户籍人口虽然只有38%左右，却拥有大约80%的储蓄存款。从这些数字可以看出，农民拿不出来多少钱做首付。

其次，农民厌恶负债，对信贷充满恐惧。大部分农民长期在小农经济环境中生存，虽然民间也有借贷关系，但基本上是临时应急性的互助。虽然现在也有支付利息的行为，但多数是出于“感激”而做出的心情表达，或是为了“再借不难”而创造条件，与银行的借贷关系不大一样。面对几十万的借款，大部分农民是畏惧的。

再次，农民信用等级比较差，银行对其放贷会很谨慎。这里我想说的并不是农民的人品差，而是说一种公允守诺程度的评估，是从一个人的资产、收入、经济活动风险等方面进行的，农民和农村的状况决定了农民不是优质的信贷对象。

最后，农民工的流动性大，银行在后续管理方面也会有很多麻烦。农民工在城里属于临时工状态，虽然可能形成行业聚集和地域聚集，但不够稳定，与企业的关系更为松散，也较难形成固定的生活圈子，频繁换工属于常态。工作、地域和行业的三重不稳定对银行的信贷管理很不利，若只有一套房，不能还款时也不好强行拍卖，这是银行面临的巨大挑战。

基于以上四个原因，预计此政策在去库存方面效果不会太明显。

我不知道为什么有那么多中高收入者想购买，政府却用“限购限贷”这些严厉的行政手段把他们挡在门外，而农民没有钱，政府却要引导他们进入一个大部分人都无力承受的市场。这让我想起了一句歇后语：蚂蚁拉石磙——力不从心！

等着后面讨论色彩更浓的两次重要会议吧，预计会提到一些新的思路，也希望政府能采纳！

## 要防止人为制造出经济灾难*

（2014 年 9 月 12 日）

最近，多家机构预测前八个月投资增速可能跌破 17%，因为大家均预测 8 月的投资增速会继续下滑，可能落在 16.8%—16.9% 之间。这将创下 2003 年 1 月以来 140 个月的新低。该指标也意味着今年是十一年来固定资产投资最糟糕的一年。紧接着，一个重要问题就出现了：中国一直是主要靠投资推动经济增长的国家，因此在其他

* 出于多重考虑，本文对有争议、可能引起误会的表述做了一定删减。尽管论述已不完整，但不影响态度表达。

经济指标也大多走低的情况下，今年可能成为 2002 年以来 GDP 增速最糟糕的一年，其糟糕程度甚于 2008 年经济危机爆发那年（当年的 GDP 增长率为 9.6%）。

现在并不处于世界经济危机的爆发期或谷底期，全世界经济形势大体上恢复、向好，为什么中国出现了与世界大多数国家大相径庭的发展趋势？我认为，经济增长速度的下滑主要是投资增长幅度下滑导致的，而这次投资增长幅度下滑则主要是房地产行业的低迷导致的。

1999—2013 年，中国房地产开发投资的年均复合名义增长率为 24.5%，其中 2009—2013 年五年中，房地产开发投资全年名义增长率分别为 18.5%、33.2%、27.9%、16.2%、19.8%。但今年以来，房地产开发投资增长率持续下滑。1—7 月份，全国房地产开发投资共完成 50 381 亿元，同比名义增长 13.7%，此前任志强先生估计全年会下滑到 10% 以下。至少从目前的情况来看，今年肯定会是 1999 年以来十五年间房地产开发投资增长率的最低谷。而房地产行业的低迷，则与房地产需求政策特别是按揭贷款政策有关。

限购限贷政策正在被陆续取消，这种松动对交易的恢复有作用，不过很有限。因为房地产毕竟是价值量巨大的商品，在限贷还没有完全取消的情况下，没有多少有买房欲望的家庭，能做到轻松支付全款。中国十多年来一直是全世界房地产按揭贷款最严厉的国家，高达 30%—70% 的首付政策在全世界范围内几乎见不到，更没听说第三套绝对不贷款的情况；对开发贷款的限制也极其严格，这些年很多开发公司被迫使用成本很高的信托、私募资金甚至非法高利贷资金。在全世界都刺激房地产需求、刺激经济增长的背景下，中国的房地产政策成为鲜艳的“奇葩”，从供给、需求两个角度夹击整个行业，其结果不仅导致了房地产业的震荡，整个国民经济也被划得遍体鳞伤。

房地产业对经济增长有多大贡献，似乎没有公论。官方（统计部门）当然承认房地产业是中国的第一大产业，但他们给出的数据与真实情况还是有些出入的。由于各种原因，统计部门实际上并没有把农村房屋建设、小产权房建设、城中村房屋自建、军事部门的房地产开发、单位违反法规的自建等大量应该纳入房地产统计口径的建设活动统计进去，这样得出的统计数据怎么能反映客观实际？实际上，这个行业可能与国民经济体系中 60% 以上的行业、70% 以上的社会财富、60% 以上的地方本级财政收入以及大约 50% 的就业量连在一起。在美国，房地产业至今仍然是第一大支柱产业，在 GDP 增长中大约做出了 13%—15% 的贡献，远高于其雄霸世界的金融保险业的贡献率（大约占 8%）。以目前中国房地产业的发展阶段和状况看，其真实的贡献率应是惊人的。无论打压政策是否涉及我前面所说的各种遗漏部分，它们都必然受到影响，由于缺乏统计数据，这种损失根本无法计算。

我在讲课时说：房价上涨是规律，下跌是意外；上涨是常态，下跌只发生在特殊情况下。所谓的特殊情况，其中之一就是实施了严厉的宏观调控政策。买地时没有限购限贷政策，买完地出现了限购限贷政策，需求被锁住、被压制，而政府又逼着开发商快速开发(对土地开发进度有时间规定)。这样，供求关系被极大改变，导致供应在新的市场条件下明显过剩。按照月度观察，今年房价的拐点的确出现了(全年可能涨跌在2个百分点以内，是否会出现年度拐点还有待观察)，但这种下跌，完全是行政措施介入市场的结果，它只意味着行政手段仍然很强大，并不意味着市场规律失效了，更不意味着从长期看中国房地产供应过剩了。

考察中国这十多年来的房地产调控政策及市场运行的状况，我得出以下结论：

——过去的打压政策没有使这个行业更健康、更平稳地发展，而是制造了更多的麻烦、冲突和波动；

——限购限贷政策应该及早放开，以免贻误救市时机，为后面的救市工作增加难度；

——房地产业并没有要挟谁，但房地产舆论要挟了政府。政府调控决策过于迎合舆论，而不是科学地引导舆论，这使得某些对房地产业、对政府的指责变得理所当然，也使得某些矫正工作无法有效推进；

——政府救房地产市场以保增长力度欠佳，又被迫大规模进入基础设施建设领域。但这些建设活动由于产业链的原因，拉动效果远不如房地产业，而且举债投入的做法会加重中央和地方政府的负担；

——政府此前的政策已经把房地产市场的手脚绑住，应该彻底解除这些绳索!

紧接着出现的一个疑问是：为什么会出现这么糟糕的局面?

这要从制度、文化和历史三个维度进行分析，还要研究决策者的思维及形成背景。

有人说：政府不是已经在救市了吗？是的，中央政府确实希望房地产市场尽快恢复大规模交易，以拉升经济增长率。但中央政府至今也没明确表态，弄得地方政府在救市问题上畏首畏尾、优柔寡断，以至于出政策却不敢下发文件；或出了政策却怕舆论围剿，文件下发了再收回；或文件流传出来了，被媒体一炒，立即改口说是内部讨论稿。更重要的是，目前仅是取消限购，银行仍然未明显放松按揭贷款的条件，所以绝大多数家庭还是买不起。

有人说：中央政府不也有表示吗？比如允许某些上市公司发债，对棚户区改造项目给予支持，只是没直接说拯救房地产市场而已。是的，但这种做法使得市场感受不到政策信号，媒体可以不“急领导内心所急”，继续公开唱衰。而且这种不明确的救市做法容易导致政策效应软弱，进而迅速被负面舆论吞噬，极大浪费了救市的政策资源和机会。

有人说：取消限贷，继续放任市场发展，会制造出更大的泡沫。他们知道什么是房地产泡沫、怎样衡量房地产泡沫吗？他们知道有多少房地产交易的价格没有纳入官方的房价统计范围吗？他们知道官方对人均可支配收入的统计有所失真吗？他们知道房价收入比毫无国际比较价值吗？他们知道租金售价比使用的基本条件吗？他们知道黑灯率隐含的很多合理因素吗？

有人说，取消限贷，三、四线城市也未必能启动。请相信市场机制，它精妙绝伦，强大无比，最终会完成自我修复过程。一些三、四线城市的确此前土地放量太大，但只要中央政府放出信号，声明未来几年将结合商品房去化情况安排建设用地指标，严格控制土地供应，是可以改变市场预期，把这些城市从悬崖边上安全救回的。当然，想让所有的企业都安全“过河”也是不可能的，有些开发商注定要被淘汰掉。

有人说：我们不靠房地产业，难道没有房地产业中国就完蛋了吗？说这种话的人，一部分是别有用心的，一部分是真无知的，还有一部分是从不说实话的。房地产业的地位有多么重要？我给出的说法是：它不仅是支柱产业，还是主导产业，更是先导产业。这一地位是房地产行业本身的特点以及中国经济社会发展的特殊阶段决定的。

尽管空间市场结构在迅速分化，但毫无疑问，中国房地产业的高增长过程没有结束。不过现在社会各界对这个问题的认识比较混乱，房地产问题已经被严重政治化、道德化、社会化、娱乐化，导致很多问题无法深入讨论。房地产行业也呈现出被妖魔化、暴力化的倾向。在这样的大背景下，对房地产市场何去何从的问题，没有办法形成科学共识，但决策不能只听舆论呼声，还要考虑各行各业、考虑可持续发展、考虑市场机制。

决策还必须考虑经济规律。房地产市场有很多独特规律。绝大多数人不知道房地产供给弹性与需求弹性有啥差别，绝大多数人想不到房地产没有替代品对需求走势的影响，绝大多数人不知道房地产需求的大致演化趋势，绝大多数人不知道房价的“黏性”

是什么含义（我引进的概念），绝大多数人也不知道房地产价格下跌与其他普通商品价格下跌有什么区别。如果决策失误，将引调控失当，进而给国家带来损失。

如果把经济增长比作一条必须遮体的裤子，毫无疑问，这条裤子已经向下滑落，需要赶快伸手扯住。若市场继续恶化，可能引爆一个个地雷。要知道，在三、四线城市，很多开发商由于无法获取开发贷款，又不能上市，于是大量使用民间高利贷。当这些地雷被引爆的时候，危害之大，无法描述！

所以现在必须调整了！再不调整，就可能人为制造出经济和社会灾难。当年中国香港、日本、中国海南的房地产市场震荡，虽有客观原因，但更多的是错误决策诱发所致。先从认识上调整吧。政府要认识到房地产业的重要地位和作用。调整完认识，再调整政策，这是顺理成章的事情。如此这样，想让房地产市场交易恢复，保住 7.5% 以上的经济增长率，才是水到渠成的。

# 第三章

# 新形势下房地产业的发展前景

我认为，迄今为止，人类社会两项最伟大的发明就是货币和房屋。房地产业是国民经济的主导产业、支柱产业和先导产业，它对需求的拉动作用巨大到惊人的地步。然而，近些年房地产问题逐渐被妖魔化，房地产业何去何从？各种相关新政又会引起怎样的行业反应？

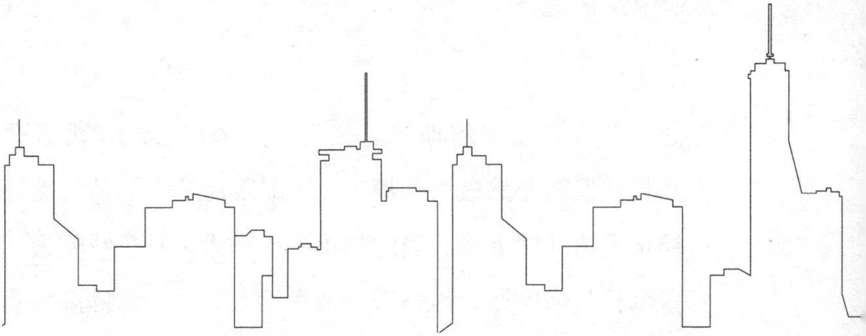

## ■ 种子在发芽，黄叶在飘落

### ——关于房地产形势的十点看法

（2015 年 5 月 11 日）

房地产真是一个好行业，不仅在中国，在全世界大多数发达国家，前百位富豪中的一半名额，可能都被开发商和物业持有商占据着。房地产又是一个很糟糕的行业，在中国，它经常遭受调控折磨，压投资、不放贷、限制价格、不许开盘、替政府建保障房……它还承受着来自百姓的各种骂名，与社会各界冲突不断。

在 GDP 增速一路下滑的背景下，虽然政府无可奈何救楼市，但几家欢喜几家忧，今年很多开发商日子仍然不好过。几年前我给房地产总裁班和房地产 EMBA 班讲课，讲到有几类开发商必然被淘汰掉时，大家都还不以为然。然而今天的市场正无情地验证着我当时的预测。昨天，某三线城市一位开发商董事长打来电话，声称房屋销售没太好转，借的高利贷已经到期，银行仍然不给贷款，自己快坚持不住了。他听我一个学员说我常给领导写内参、提建议，就想求我反映一下基层开发商的困难，也想听听我对形势的看法，并求我帮助寻找合作者。就市场形势问题，我跟这位熟人介绍过来的董事长拉拉杂杂讲了很多，总结下来有如下十个方面：

1. 市场将现冰火两重天，成为历史上反差最大的一年。少量城市房屋交易量和价格明显上涨，部分城市年内逐渐企稳，但大多数三、四线城市依然压力巨大。一些小城市在交易有起色的情况下，继续呈现衰退迹象。造成这种两极状况的大背景是整体经济在衰退，小环境是以往基层政府放地量太大。

2. 救市政策会继续推出，但在去年错失最佳救市时机后，政府前几个月仍然未把握好节奏和方案组织工作，没有强有力的组合拳去阻挡下滑的趋势，救市效率与质量仍难提升到必需状态。信贷必须进一步放松，大量的政府支出砸向“铁公基”，远不如直接补贴市场主体效果好。

3. 由于局面复杂，虽然政府也很着急，但始终没有像重视基础设施建设和大众创业那样重视房地产市场的恢复工作，对预期的干预力度不足，市场信心无法提振。

4. 由于取消限购、放松信贷等多种救市措施的影响，今年的交易量肯定好于去年，是否超越前年，还要看后续政策的内容和力度。不过就算形成历史新高，也将是比较难受的一年，因为市场规模的基数更大了，而不动产登记、房产税征收、反腐败等各类事件、信息对信心影响很大，老百姓的市场预期大不如从前了。

5. 看 70 个城市或百城的价格，应该很快会出现拐点，止跌回升。全国均价全年可能继续上升。按照国家统计局去年公布的数据推算，今年全国房价会微涨，这与很多人的感觉不同。

6. “不景气”是土地市场全年的基本格调，当商品市场不景气时，生产要素市场必然受冲击，但这不意味着地价会大幅下降。在这个问题上，由于在地方财政中土地出让占比太高，所以难受的不是开发商，而是地方政府。尽管中央政府已经在帮地方政府想办法，但在救市背景下，地方开支巨大，所以效果并不太。不过不景气中可能有亮点：一线市场土地拍卖火爆，新地王还会出现。

7. 开发投资、新项目开工状况全年不会太理想，但上半年与下半年的景象可能有所不同。开发投资增幅已经下降到个位数，行业遭遇的这次重创远甚于 2008 年经济危机时那次，开发商投资意愿持续下降。棚户区改造项目的大力度推进进一步抑制了市场的恢复势头。预计下半年情况会有所好转，但全国绝对不会形成热火朝天的局面。

8. 项目兼并、重组的情况会有所增加。兼并、重组时时发生，年年都有，但今年和去年相比会格外引人关注一些。因为去年市场处于恐慌期，大开发商心里也忐忑不安，即使遇到合适的项目，敢接手的也不多。现在恐慌期已过，项目转手的情况可能会增加。那些靠关系拿地、自己没有能力开发的，心理脆弱的，或经历过这次危机“洗礼”想法有变化的，都在四处接触合作者了。

9. 跨国投资继续推进，渐成潮流。2010 年春天限购限贷政策出现后，我开始关注中国房地产投资资金流向及海外投资问题，知道这是一个必然的趋势。这个趋势的形成与制度安全、反腐、融资需求、资本回报及移民等问题连在一起。今年这股浪潮继续被推升，不管是开发能力输出还是百姓投资置业，中国人的足迹开始遍布世界。

10. 房地产企业积极寻求转型，但大多数仍处于左冲右突中，难觅突破口。领袖企业寻求国际化，探索轻资产模式，但很多企业学不了。房地产电商尚未见哪个企业拓出金光大道，这与房地产产品的物理属性和价值特点有关。向金融领域延伸十分必要，但能获得机会的企业不会太多，这是金融管制决定的。养老地产、旅游地产确实在兴起，但对很多企业来说，那可能是泥潭。

## ■ 我在深圳究竟说了什么？

（2017 年 5 月 23 日）

上周六，也就是 2017 年 5 月 20 日，我在深圳借助万科的一个平台，做了题为《房地产还有投资机会吗？——兼谈深圳的投资价值》的演讲。上周六晚上、周日及本周一，广东特别是深圳的舆论界“炸了锅”，我同学对我说深圳的自媒体上到处都是我的报道，风头都压倒了同日在深圳演讲的国际著名华人经济学家张五常先生。我告诉他这可不是我的影响力超越了张五常先生，而是因为房地产问题太热门，且又处于政策敏感期的原因。要知道，当我到了深圳听说张五常先生在另一个场合演讲时，很想违约赔偿活动方，取消我自己的活动安排去听听他讲什么。

根据同学的提示，我看了看当地的几个很有影响的微信公众号，报道基本都对，但对偏口语化的文字没有加工整理，表述的严谨度与书面文字相比是略有差距的。不过，有的报道的某些地方，与我的真实观点相比还是有些偏差，可能是现场速记丢字、落字引发的。所以，我想将部分观点用文字澄清一下。

1. 我认为如果中国未来的发展思路不出现大的变化，不过分限制市场运行，房地产业还是有很多投资机会的。中国房地产业的发展期远未结束，甚至在取消管制的背景下，一线城市会迎来相对持续的高增长，增速会让政府受不了。我不大赞同“黄金时代已经过去，白银时代来临”的说法，事实上，对很多一、二线城市来说，如果没有强硬的交易管制，市场会更火爆，增速会更快。一些人说市场在分化，我觉得用“此消彼长”来形容更合适。我一直把这一点作为未来中国房地产市场演化的基本特点之一加以讲解。今后我们会看到很多市场在衰退，而有些市场则更强劲。我在房地产投资理财中级班里，曾把这个话题作为重要内容详细讲解过。

2. 中国的房地产市场其实没有泡沫，很多所谓“专家”的说法不够专业，他们没有深究泡沫的含义与衡量方法，简单地使用“房价收入比”“租金售价比”“空置率”这些荒唐的指标，得出了荒唐的结论。美国有美国的国情，中国有中国的背景，制度差别、市场条件差别、统计指标含义差别、统计方法差别等等，无处不在。所以，房价其实是不能进行国际比较和地区比较的。所有进行大肆比较的学者，都是缺乏房地产专业修养的，算不上“房地产专家”。十多年前就有人高喊“泡沫严重，马上破灭”，但至今我们也没有见到中国房地产市场崩盘。房地产泡沫就是传说中的鬼，都说有，但都没见过。很多老百姓的看法受到误导，甚至更不科学，所以他们丧失了很多发财的机会，这些机会是中国历史上出现的最好的机会。

3. 我对粉丝做培训，并不断公开演讲，就是希望影响到一些普通人，希望他们抓住这些投资机会，实现财富人生的逆袭，像我很多学生那样，可以倒追十年。让普通人富起来，意义极大，可以缩小贫富差距，促使中产阶级的形成，这对促进社会稳定很有意义。教会普通人买房投资，增加财产性收入，还对减轻政府住房保障的压力、降低财政支出很有意义。现在经济形势很不景气，政府的财政收支压力极大。引导政府认识到普通人投资置业的意义，而不是简单地排斥这些交易行为并视之为“投机”，是经济学家特别是房地产专家的新任务。

4. 劳动、土地、资本、企业家才能四种生产要素共同参与生产过程和财富创造，各种生产要素的地位是平等的。但财富创造出来以后，在分配时，地位就不平等了，有的要素强势，有的要素弱势。劳动要素是很弱势的，因为劳动力市场竞争始终很强；而资本是强势的，因为它始终处于相对短缺状态。老百姓买房，其实是在劳动力之外，又拥有了一个资本品，这样，老百姓参与财富分配的能力与渠道就多了。未来社会普通老百姓财富阶层的划分与工资收入的关系很弱了，主要看投资收入，其中最主要是这个家庭买没买房子、买了几套房子、什么时间买的房子、买了哪个城市的房子以及买了哪个项目。一个问题的五个方面，决定了这个家庭的财富地位，即社会财富阶层。

5. 一个完善的市场一定包括两部分：一部分是买卖市场，一部分是租赁市场。在买卖市场上，中高收入人群自己买房子自己住，不需要政府救济和帮助。而在租赁市场上，一定是一边连着高收入人群，一边连着低收入人群；一边连着本地人，一边连着外地人；一边连着虽然收入不高但可能有点儿积累的普通中产家庭，一边连着刚刚起步或刚刚就业的年轻人。这些刚刚起步的人、这些外来的人、这些低收入人群，他们买不起房子，租住这些富有者、当地人的房子，于是就产生了一个巨大的租赁市场。在这种条件下，城市化进程可以继续推进，人口流动可以有序进行，整个社会劳动力、人才的流动，还有由此带动的资本及其他生产要素的流动，才都是最有效的。中央倡导建立购租并举的住房制度，我很赞同，这需要一批普通投资者作为出租方，参与其中。房子是用来住的，就包括出租给别人住。

深圳是中国南部最强的增长点，其增长趋势在特大城市中没有第二个可比（有些报道说我说“深圳是中国最强的增长点，没有第二个城市可比”，这个文字表述与我本意有明显偏差），我特意讲了七八个方面的原因论述我的观点：深圳房地产的投资价值极高，这是因为深圳土地面积小、土地供应紧张；深圳与香港楼市之间存在巨大价格差，容易吸引港人置业；深圳人均收入高，投资意识强；深圳人口集聚效应突出，增速快，外地人口比重大；深圳养老需求大等。如果中国社会能够保持长期稳定，政府不严格限制市场，深圳的平均房价有一天超越纽约、香港也不奇怪。如果今后的发展思路或房地产制度有明显改变，就不好预测了，我的说法也就不成立了。

## 房产税该征否？我与贾康，你挺谁？

（2014 年 1 月 8 日）

财政部财政科学研究所所长贾康先生是位优秀的经济学家，我很佩服其学识。但在房产税这个问题上，我俩多次在博鳌论坛、住建部内部会议等场合发表了针锋相对的看法。一年前见他在中国金融四十人论坛上发表演讲，再提房产税推出的必要性，我不赞同，写了微博回应。刚刚在粉丝提示下又看到了他的答复，仍难接受，再次简单回应一下。

**贾康**：房产税征收推出的必要性：它是市场经济体制

建设和通盘配套改革中不可或缺的地方税体系支柱之一；可在房产供需双方行为合理化导向上形成规范的经济参数和税负约束；抑制两极分化式的过大收入差距；有利于降低消费者"税收痛苦"的可选、必选的操作事项。

**董藩：**一直反对贾康的观点。房产税是财产税，以拥有完整私有产权为征收前提，征收该税的国家都是土地私有制，房地从物理结构上不可分。但中国房、地产权分离，房随地变，法律规定 40 年、50 年或 70 年后土地收归国有，房子随之没收，居然要收"永远私有"的房产税，这不合理。

**贾康：**教授还是做点文献搜索，讲点学术严谨性吧：（1）了解点英国等代表性的国际经验，不论土地公有、私有，不动产税可全覆盖。（2）学点物权法，了解用益物权的展期，哪儿来的"房子随之没收"？耸人听闻、吸引眼球，语不惊人死不休啊。

**董藩：**回所长：一直向你学习，认真查文献，大胆讲观点，只是完全不赞同你的看法。

1. 英国以土地私有为基础，中国完全是土地公有制，你大谈借鉴英国的经验，本身就不合适。英国政府缺钱了，能借鉴中国经验，把原属于私人的土地强征过来宣布国有，出租给市民、企业用，拿走一大笔租金，再对这些使用者按照土地所有者身份征收土地税吗？如果能，就可以借鉴。

2. 不动产税的含义一般比房产税的含义宽，它是个统称，包含多个具体税种，不要放在一起混谈。

3. 西方即使有公有土地，因为公有产权主体不同，可能涉及此方面的税收，而中国城市土地产权统一归国家，完全不同。

4. 中国既然收了土地出让金，就不该针对并不属于业主的土地再征收私有产权意义的财产税，按法律规定业主不拥有这部分财产的所有权。你的“租、税应该并行，合理搭配”的说法我很不赞同。房产税既然是财产税，就要判断究竟是不是你的财产，是就可以征，不是就不能征。不能因为家里缺乏劳动力了，就硬说别人的孩子是自己的孩子。

5. 你用“国有企业产权是国家的，也交所得税”来类比土地占用者也该缴税，很不妥。首先，国企从学术上看就不是真正的市场主体，只是政府的附属机构，它的制度设计本就没有科学可言；其次，由于它是国家所有，实际纳税主体是国家，自己给自己纳税，虽是笑话，但也不必计较。而中国房主就土地纳税，确实是“不是所有者的人纳了所有者的税”。

6. 你“权利是政治权利，国家社会管理者凭借政治权利，通过立法，强力征税调节”笼统说来是对的，但也要讲科学，更要讲求公平合理。征税是以提供公共服务为前提，既然你总谈借鉴英美，是不是也应借鉴英美，保证税收用于民生再征？

7. 不要用《物权法》中的规定“住宅建设用地使用权期间届满的，自动续期”来忽悠大家。因为并未作废的《城市房地产管理法》第二十一条规定：办理土地使用权续期的，应当重新签订土地使用权转让合同，并依照规定支付土地使用权出让金。也就是说，办理土地使用权续期是需要缴纳一定费用的，要把地再出租给你一次，不交钱显然是不行，只好房地合一，一并收归国有，意思明确。最近《土地管理法（修订草案征求意见稿）》开始在一定范围内征求意见，“无偿自动续期”的说法已经被替换。虽然延期缴纳多少出让费用没有说法，但不用说，“重交出让费用”的说法是明确的，不交收回也应是明确的，否则一家不交，就会出现羊群效应，而法不责众，重新“卖地”（实为出租）的思路就落空。贾所长请不要用“草案没有这样的字眼”来批驳我。

8. 对你安慰大家的征收房产税时“第一套房不征收，第二套再征”的说法，我更觉得是忽悠大家。第一套一样大吗？凭什么我免征的是 30 平方米的一室，你却是 800 平方米的别墅？上海最大的一套房子 5 000 平方米，应该免不？第一套一样价格吗？现在中国已经出现了两套价值 10 亿元的别墅，业主都只有这一套，该不该免税呢？即使你说可规定一个免征面积数，凭什么你免掉了某豪宅 180 平方米、价值 1 800 万元，而我只免掉郊区的房子 180 平方米、价值 36 万元？

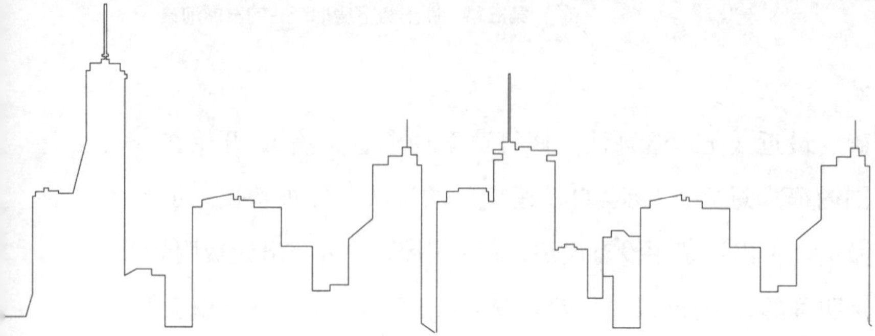

## ■ 五评重庆房产税

（2011 年 1 月 28 日）

许多网民盼望的重庆房产税终于揭开了面纱。尽管我几年来一再拒绝采访，但还是有几十个电话打进来，而且多是熟人，我只好承诺在博客和微博上简单写几句。如果说吓唬也是宏观调控手段，这项税收倒是起到了一点儿作用。抛开这个方面，我觉得还是有很多地方值得商榷，这里简单提几点，不深入论述，只希望引起立法者关注，在发扬民主精神的前提下，规范中国的法制建设工作。

## 一、立法程序规范吗？

税收立法工作是一项严肃的工作，根据《立法法》的规定，此项工作应该由全国人大或全国人大常委会完成，或其授权国务院以暂行条例方式探索，此项权力绝对不能“下放”地方政府。但我们现在没有看到国务院被“授权”立法的报道。房产税虽一般划入地方税种，但它只是“属于地方固定财政收入，由地方管理和使用的税种”，其设立的权限却不在地方政府。我不知道是立法程序有问题还是我对《立法法》的理解有误。

## 二、是否科学公正？有无实际价值？

重庆市房产税的征税对象是独栋别墅和高档公寓，以及在渝的三无人员（无工作、无户口、无投资）购买的第二套房。对独栋商品住宅，不管是存量还是增量都收税；对个人新购的高档住房只征增量，标准不一，很不科学、很不公平。高档住房是指比主城新建商品住房建筑面积成交均价高两倍的房子，这几乎找不到征税对象。所以我早就说过，重庆的房产税要是出来，也只会是一只袜子，绝对不是靴子。连重庆市长自己都承认今年只能收1.5亿元，只有象征性意义。

## 三、合理性有多高？

中国房地产行业的税费负担很重，全世界只有中国财税收入会以每年30%左右的速度疯狂上涨。这些本期的税费负担会影响下一个生产周期的供求关系，进而影响价格，间接转移给了买房人或承租者。在不清理不合理税费的前提下增加税收，我个人认为不妥。在外国对买房人都是扶植的，如在澳大利亚，住房的折旧（建造和装修部分）、水电费、物业费、利息、中介费、律师服务费、出租者管理房子的交通费等都可以冲抵资本利得。胡锦涛总书记曾提出要增加老百姓的财产性收入，而对老百姓来说投资股票长期亏损面达95%，买黄金长期看抵不了CPI涨幅，古董、字画玩不了。如果政府再严打楼市，那增加财产性收入就是一句空话。

## 四、法理上能讲通吗

通常所说的房产税或者物业税是一种财产税，是针对房地产这种特殊的增值性私有财产征收的。房地产的增值源于土地的增值，而地上建筑物是贬值的，每年都在折旧。在中国，由于土地没有私有化，征收房产税或者物业税条件根本不具备，强行征收则法理不通，因为按照房地产法的规定，土地使用权租赁到期后连房子加地一起收归国有（物权法与房地产法的规定不一致），房子和土地最终都不是老百姓的财产，老百姓却要以“业主”名义交着税。在征收房产税之前，是否要先把这些法理说清楚？我很早就从学术上指出了这个问题，后来其他学者也反复提及，但重庆人大、政府均无回应。

## 五、这是流转税而不是财产税

重庆目前是以房产交易价为征税基数计征房产税，这根本不是财产税，而是流转税。财产税一定是以评估价格为基础计征的，与转让环节没有关系，是对拥有行为征收的，更与转让价格没有关系。也就是说，重庆现在搞的这个税种只是针对高端物业投资客征的流转税，或是有意，或是无意，总之是鱼目混珠了，根本不是财产意义上的房产税或者物业税。谈到真正意义上的房产税或者物业税，我仍然重复 2009 年讲过的话，“住宅物业税，十年出不来”，至少从全国来看如此。

## ■ 谈谈共有产权住房

（2014 年 4 月 13 日、14 日、16 日）

李克强总理在今年的《政府工作报告》中提出，今年将增加中小套型商品房和共有产权住房供应。我和我的研究团队在 2007 年曾向住建部和中央提出过共有产权的建议，我未考证这是不是最早的提议，但“共有产权住房”的提法在国家文件（报告）中出现，这应是首次。至于这种房屋属于保障房还是商品房，现在官方还未给出界定。我们当年提出共有产权建议时，是为了破解对经济适用房出售的限制，保证购房者的资产增值利益。当时规定经济适用房不能随意出售，出售受时间限制，而且政府有优先回购权。我们觉得政府在经济适用房建设中，提供的减免大约只占房价的 30%，但政府对出售做出如此规定，形成了对购房者 70% 投资的收益权的严格限制，严重侵犯购买者的财产权益。但这次共有产权住房建设作为一个政策出台，则主要是基于地方政府住房保障投资的巨大压力以及连续几年并未完成承诺的影响（温家宝总理“连续两年每年建成 1 000 万套，‘十二五’完成 3 600 万套保障房”的承诺）。现在经济形势在恶化，面对保障压力，地方抱怨很大，住建部不得不寻求其他突破途径，也帮助李克强总理完成保障承诺，于是有了这个政策思路。但到目前为止，住建部对共有产权住房的管理办法还未拿出讨论方案，究竟它算什么性质的住房，土地出让方式、分配原则、交易规则及收益处置等也还没有成形思路。他们寄希望于地方的试验、探索。

按照住建部领导的设想，共有产权住房操作模式主要包括如下要点：（1）确定参加人选：先确定哪些人参与建设、参与分配。（2）灵活处置：参与者出 5 万元可以，出 10 万元也可以，根据出资额的不同，划分私人与政府各自享有的产权比例。（3）委托代建：因为参与者没有建设能力，就委托开发商代建，但开发商拿的利润很薄。（4）民主监督：一部分钱是参加者出的，他们参与建造自己拥有部分产权的房子，所以会从头到尾实施监督。（5）利益共享：参与者可以买也可以租，无论租还是买，价格都比市场上商品房的价格明显便宜，因为开发商的一部分利润给拿掉了，政府的补贴放了进去。当然，具体价格也应该与参与者的出资比例有关。

住建部提议建造共有产权住房，其真实目的无非两个：一是减轻政府投入，二是作为协同措施控制房价涨幅。目的能达到吗？难！（1）参与者太多，必然各有诉求，想法离散，难以统一，不专业又互不相让。此前各地出现的个人集资建房活动都遭遇失败，主要原因在此。（2）政府无精力、能力介入太多这类项目。哪个部门代表政府组织这项复杂的投资建造活动？开发环节太多，该部门具有系统管理知识吗？若一个城市出现较多这类项目，政府得投入多少人员？成立多少项目管理小组？（3）后期使用环节也涉及大量管理工作，如在共有产权的背景下，大修理、物业服务、出售、出租、抵押等方面的细节如何规定？会不会产生大量冲突？政府回购如何定价？百姓如何保护自己的利益？（4）政府如何补贴？补贴规模有多大？补贴少了市民不感兴趣，补贴多了政府投入如何保证？在地方财力普遍捉襟见肘的背景下，政府能有多大作为？在老百姓不愿多掏钱的背景下，政府能坚持多久？所以，我认为该政策难以成为持续性措施。那么，若有机会，要不要参与？我认为：若你自己买不起商品房，通过这种方式获得一套房屋自住，当然是好事；若你希望做投资，将来能灵活处理这套房子，还是不碰的好。

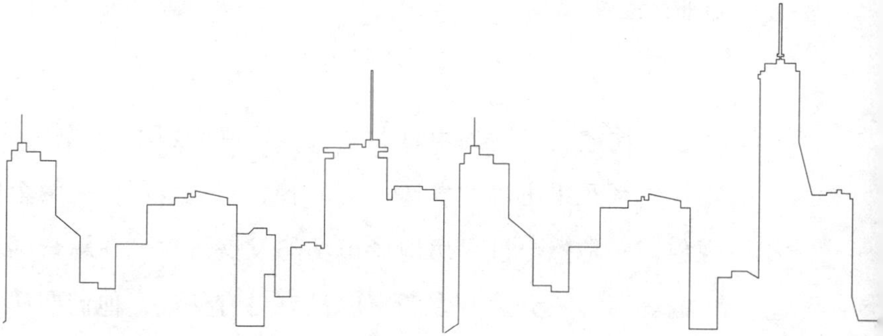

## ■ 房东：最可爱的人，还是最可恨的人？

（2014 年 12 月 6 日）

租赁是一种古老的经济现象，发展到今天，依然生机勃勃。在大学期间，我接触到这方面知识，随即产生了浓厚兴趣。在此后的学生时代，我在《改革》等杂志发表了几十篇论文、评论，出版了《企业租赁经营新论》（原来打算出版一个系列六部著作，后来因能力、时间问题放弃该计划）一书，还提出了创建租赁经济学的主张，曾引起学术界的关注。

租赁关系在房地产领域的表现尤其引人注目。从古代起，住宅、店铺的租赁关系就很普遍。到了近现代，房地产租赁关系几乎可用“发达”来形容。而且这不是一两个国家的现象，而是整个世界房地产市场的发展规律。在综合国力最强大的美国，三分之一多的家庭没有自有住宅，他们要居住在政府的廉租房里，或承租私人住宅；在市场经济体制更悠久的欧洲，住宅租赁市场在整个市场中占的比率更高，有些国家甚至达到60%以上。在写字楼和商业营业场所的构成中，租赁面积占的比率比住宅还要高。这说明租赁市场的存在是必然，它不以人的主观意志为转移。

有粉丝曾质问我：“董藩教授，你为什么常与政府唱反调，鼓励大家买多套房子？是替富人说话、被资本收买了吗？”鼓励大家买房子与我的认识有关。我一直认为，一个完善的房地产市场，必然包括两部分：一部分是买卖市场，一部分是租赁市场。在租赁市场上，一边连着高收入人群，一边连着低收入人群；一边连着本地人，一边连着外地人；一边连着虽然收入不高但可能有点儿积累的普通中产家庭，一边连着刚刚起步或刚刚就业的年轻人。那些富有者、本地人、有积累的中产家庭把自己的收入拿出来买了房子出租，使那些纳入不到保障体系的、暂时不想买房子、暂时不能买房子、暂时买不起房子的人有了安身立命之所，城市化进程得以推进，人口流动能够正常进行。另外，一些商业设施、写字楼租赁关系的出现，使得企业或个体经营者可以通过两权分离方式获得生产资料的使用权，这大大增加了就业量，繁荣了经济活动，进而提升了GDP总量和财政收入。中国社会要有序运行，经济要健康发展，必然需要一个庞大的租赁市场作条件。要形成这样一个市场，就需要大量的房地产投资者，不仅仅是机构，更主要的是私人。因为房价的原因而简单地骂房地产投资者“投机”“暴利”，这是不可取的，也严重破坏了社会和谐，更把房地产调控引入了歧途，使得宏观调控欲罢不能，经济、社会代价惨重。

几天前，粉丝 @in_rainbows999 在我微博上留下评论：“谁是最可爱的人？房东！你来到大城市找工作、谋发展，但是买不起房，没地方住。如果不是房东高价买房，每月还高额月供，以远低于月供的租金把房子租给你，你哪来的立足之地？虽几年后租金上涨覆盖了月供，回报也令人艳羡，但那也是房东智慧勇敢，能把握机遇。”这段话对上了我的思维“频率”，引起了共鸣。

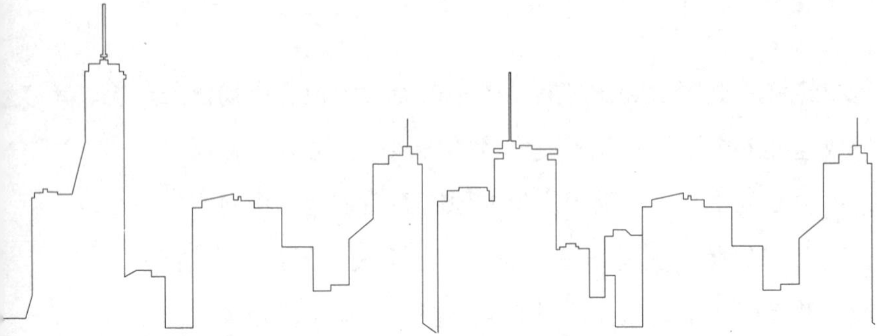

## 全面二孩政策：来得太晚，仍受欢迎，利好楼市

（2015年10月31日）

经过千呼万唤，人口政策终于松动了。中共十八届五中全会会议决定：坚持计划生育的基本国策，完善人口发展战略，全面实施一对夫妇可生育两个孩子的政策。其实严格来说，这个松动的出现并不是源于舆论的压力，而是源于经济增长和国防建设的压力，基于对“内忧外患”的考虑。但不可否认，这一松动确实也给人一种“应对人口老龄化”的积极姿态。在我个人看来，整个人口

政策的松动晚了十多年，刚进入21世纪的时候，就应该启动实施“单独二孩”政策（一直拖到2013年十八届三中全会才决定放开），目前出台的全面放开二孩政策，早在七八年前就该推出。但是，现有计生部门的存在及其态度严重影响了人口政策的调整进程，以至于中国在劳动力供给和养老问题上直接陷入了目前的困境。

10月22日我在微博上写了一句话：“中共十八届五中全会要召开了，估计会出台影响中国未来经济和政治发展的重要规定。”很多人觉得我写这话很奇怪，开始猜测我要说什么，其中@永不独行的局外人、@鹏城小箩箩、@明月清风心自明、@我爱伊豆、@王老虎在三楼958还真猜对了我的预测。@王老虎在三楼958说：“董老师中央有人，估计是二胎的事情。”我无法直接回答，只是说：“我比照中共党员的标准要求自己，不妄议大政方针。”我在中央哪有什么熟人？也绝对不是事先听到了什么政策消息，而是很久以前就听说有专门力量在调研和讨论人口政策调整的事情。基于目前的经济、社会状况，我认为本届政府急需采取一个特别的举动在舆论上为中共中央和中央政府“提分”。结合着当前的经济形势和未来20年国防建设的需要（我把这看作中国需急迫解决的“近忧远患”），我私下猜测人口政策可能借助此次全会而调整。其他经济、社会方面的一些惯常说法，是不值得我去写这条看似想强调什么的奇怪微博的。

仅从人口延续的角度看，也许过些年人口政策仍有继续松动的空间。但这一阶段性的松动，也赢得了不少掌声。这的确是令人鼓舞的消息，因为调整远比不调整强，否则中华民族虽然不至于断子绝孙，但会因为人口老龄化和劳动力供应短缺而快速衰退。这项“全面二孩”新政策，将对中国未来社会产生全面影响。我在这里只简单谈几句对房地产市场当前及长远有哪几个方面的影响吧，至于影响程度，还不好准确评估。

第一，改变了出生率预期，市场需求的预测条件也因此改变，给目前萎靡的房地产市场（个别交易活跃市场除外）注入了一针强心剂。此前我因很多因素，对未来房地产市场的整体趋势看淡，我认为高增长的过程提前结束了。但这次人口政策的放松会对冲一下这方面的影响，延缓行业成熟期出现的时间。

第二，出生率的改变大约要一年后才能显示出来，但对当前市场需求的影响可能是立竿见影的：三、四线城市的市场状况会略显缓和，一、二线城市的交易也会有所提升，个别城市甚至会加剧其供求紧张局面。但总体上看，要借此扭转经济增长颓势，还需要其他救市政策的配合。我认为目前的救市政策仍很不到位、很不科学，有待进一步调整、完善。

第三，户均面积会因为未来户均人口数的增加而有所增加。这是一种比较强的推升力量，我在房地产 EMBA 和房地产投资理财的培训课堂上讲“单独二孩”政策时曾经讲过，主流户型需求将由目前的两室和三室逐步过渡到三室和四室。所谓“刚性需求”从面积上逐渐有新的提升。每个家庭的经济实力不同，户型要求不相同，但因子女分居和照料而产生的面积需求是显而易见的。

第四，优质教育资源显得更加紧张，学区房的需求被推升，价格被推涨。此前“一对夫妻一个孩”政策实施了几十年，对应的公共配套特别是教育资源都是基于那样的政策和人口增长状况确定的。但现在情况发生了变化，四年后幼儿园的现实需求会上升，七年后小学入学需求上升，13 年后中学的校舍面积和教师需求会上升。但学区房的需求和价格会提前体现出来，这是投资品定价原理决定的。

第五，养老房的需求可能会被推升。过去是“一对夫妻一个孩”，可以考虑雇保姆带孩子。但逐步过渡到“一对夫妻一对孩”时，因为保姆需求增加，供给短缺，价格上升，大部分年轻家庭支付不起保姆费时（有的家庭同时需要两个保姆），便会选择两条途径解决：一是女性辞职做专职妈妈；二是父母凑近子女住处，在附近购房，帮助带孩子。即使有很多是通过不同地域需求的“对流”来解决，不完全是依靠增量去处理，但对增量的影响还是有的，对存量交易的影响则更大。

我要说的是，这项人口政策对人口增长的影响是缓慢出现的，增长状况及趋势也还不好准确评估。但它对当前房地产市场的影响是明显的，对目前的救市会有很大帮助。不过从长期看，若不解决中国经济、社会发展中的一些根本问题；若不能建立起对私有财产严格的保护制度；若不能通过改革，大幅削减“吃皇粮”的人员数量，建立起高效、低税的政体，并解决好环境质量、粮食与食品安全、知识产权保护等问题，而且仍不转变房地产行业管理的指导思想，则房地产需求的外流不会终止，海外置业的浪潮不会停下来。

## 不要相信“以房养老”
### ——我对粉丝的人生忠告

（2014 年 2 月 23 日）

网上曝出成都“以房养老”第一人后悔了的消息。我看了一下，虽然签订服务合同的一方不是金融机构，但合同内容符合“以房养老”的含义。

我在十几年前阅读外国资料时，就接触到“以房养老”这方面的内容，我一直认为这种模式在中国基本不可行。不过在别人大谈“以房养老”时我没插嘴，因为极力推进这一模式的代表人物是我的好朋友孟晓苏博士，他一腔热血，我不好泼冷水。在房地产领域，我俩都是“市场派”

的学者，但在房产税和“以房养老”模式上，看法迥异。

“以房养老”也被称为“住房反向抵押贷款”或者“倒按揭”，这种养老方式是指老人将自己的房屋产权抵押给银行或保险公司，以定期取得一定数额养老金，或者接受统一安排的老年公寓服务。在老人去世后，金融机构获得抵押房屋的所有权。2013年国务院印发《关于加快发展养老服务业的若干意见》，提出“开展老年人住房反向抵押养老保险试点”，有关人士估计“以房养老”政策会于今年上半年推出、试行。

赞同这一模式的专家认为，“以房养老”是现行家庭养老模式的有益补充，原因在于：（1）老龄化社会快速到来，“4+2+1”的家庭模式已经出现于人们眼前，养老压力巨大，必须考虑多渠道、多模式分散压力。（2）房产是一个家庭最大的财产，很多家庭储蓄积累可能并不多，而老年人晚年的花费却在不断增大，如果能通过“倒按揭”的方式，把这部分沉淀的财富拿出来，就可以大大缓解养老开支压力，老人晚年生活质量也会大大提高。

道理似乎是这样，但凡事不能只考虑必要性，不考虑操作的可行性。金融机构当然可以去探索、尝试，但我认为“以房养老”在中国要推行是很难的，原因包括以下几点：

一是土地制度不支持。中国实行土地公有制，城市建设用地实施两权分离制度，房屋所有者不拥有土地所有权，只拥有房屋使用权，而且从40年到70年不等，甚至有20年的。这与西方发达国家业主对土地拥有私有产权完全不同。这样，对一些临近土地使用期的房屋，如十年、五年的，金融机构不敢接受。很多中国人二十几岁买了房子，七八十岁想起了倒按揭，保险公司、银行会理他们吗？

二是在《物权法》中，对土地使用权虽有续期的说法，但尚无可操作性法规。究竟将来是否会允许续期？若需审批，能否获得批准？续期需要什么条件？是否要补缴土地款，补缴多少？不补缴如何处理，是没收房产还是将其拆除？若续期，时间多长？这些问题从土地主管部门到中央政府，都没有考虑，也没有纳入人大的立法规划。这就意味着“以房养老”存在严重的制度风险。

三是社会制度风险会严重威胁这种养老模式的运行。我希望中国社会是稳定的，但不得不承认中国面临着很多挑战。中国经济在快速发展，但社会冲突、经济下滑带来的压力也在增加，随着开放程度的加深，意识形态领域的冲突也比以前激烈了。这让人们增加了许多担心，比如今天的金融机构基本都是国有或国有控股的，20 年后它们是否还存在、是否还运转良好？对“以房养老”来说，这是个大问题。

四是评估价格是否合理、业主能否接受问题。目前中国大部分城市房价上涨的过程没有结束。根据我的推算，在过去的 26 年中，全国城市房价平均每年上涨 12% 以上，而金融机构的主流观点一直认为存在明显的资产泡沫，存在房价下跌的风险，这样在评估房价时一定偏于保守，压得很低。这对业主来说就很不合算，业主能接受吗？

五是中国人的家庭伦理和财产观念与西方完全不同。父母的财产早晚是子女的，子女则要养老送终，这已经成为天经地义的逻辑，甚至深刻影响到法律的制订。即使没有子女，因为有事、生病或晚年得到亲属的照顾，一般也会把财产留给亲属。90% 的老人会这么做，而不太会选择“以房养老”。

六是即使到了养老缺钱需要处理房产时，也不一定非要“倒按揭”不可。有多套房子的显然可以处理一套，养老自然高枕无忧。只有一套的，可以卖掉房屋，换成现金，租房住。或者以好换差、以大换小、以核心区域房产换偏僻地区房产，便可以置换出很多钱。这样做，财产支配权掌握在自己手里，免得后悔。

以上六条，已经足以说明“以房养老”政策不会太顺利。最后，我想把美国作家德莱塞的一句话转送给大家：“谨慎地选择自己的脚步，免得掉进陷阱。”当保险公司上门向你推销“以房养老”时，希望你能想起这句话，也想到我的忠告！

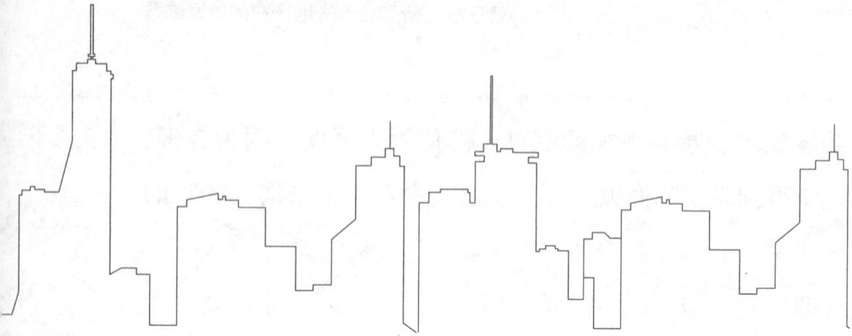

## ■ 房地产预售是一项伟大的发明

（2012 年 8 月 3 日）

因为一则取消商品房预售的假消息，加上“国务院派出了多路督查组会诊房价，不排除会有新一轮调控政策出台”的舆论背景，昨天股市中地产板块出现明显的下跌，多支基金浮亏巨大。任志强说自己的手机被探听消息的人打爆，我的手机也被全国各地业内人士打得重新充费。于是关于是否应该取消预售的争论重新泛起。支持者认为“预售是房地产万恶之源”“预售导致质量问题等违约行为无法控制”“预售将风险转移给了买者”“预售是空手套白狼”“取消预售房价会大跌，会合理回归”“取消商品房预售制度是社会公平正义的需要”。网上一些理性的声音完全被否定的斥责声淹没，谁为预售辩护立即就被“兴师问罪”的舆论包围。

从2日晚11点开始，本人决定放弃休息，再次冒天下之大不韪，回击一些错误甚至愚蠢的观点，为预售辩护。预售实在是一项伟大的发明，它在帮助开发商大大提升了开发能力的同时，也帮助千家万户较早实现了居住梦想，并降低了购买支出。它是房地产融资和销售方式的巨大突破，对全世界房地产业的发展和居住水平的提升做出了卓越贡献，它的价值像房地产按揭贷款一样巨大，一样璀璨夺目！

我必须明确地告诉大家，预售绝不是如很多网民和很多专家教授所说，是中国特色的“坑害买房者”的方式，而是市场化国家常见的房地产融资与销售方式。关于预售方式的起源地点和时间，我没有去仔细考证过。但有人说预售制起源于香港，内地是从香港学来的，则只说对了一半。其实，在国外早有预售制度，香港地产界也只是学生身份而已。在加拿大和澳大利亚，房子在设计图纸获得审批后就可立即预售，一般预售到相当数量以后才允许建造。新西兰、新加坡以及阿联酋的很多房子也都是通过预售方式卖掉的，怎么可以说预售制度是“中国独有”的东西，必须尽快取消，以便与国际接轨呢？

预售的存在，有其客观原因，也有充分的必要性。这主要表现在如下几个方面：

第一，是否有必要预售，是由供求状况决定的。如果一种商品供求平衡，甚至供给过剩，购买者可以直接到市场上选择成品，这样更简便、可靠，他绝对不会再去签订一个期货供应合同，等待一个尚未生产出的商品。预售，从购买者角度，主要是因为供应不足，为了“抢货”。以一手商品房为例，如果购买者不通过预售方式订购，除了少数像目前这样因为限购限贷导致供应积压的情况，在大多数时间里，根本不可能买到自己中意的楼盘、楼层或者户型。确实，没有法律规定必须通过预售的方式买房，购房者是可以买现房的，但买现房经常连尾房等瑕疵品也买不到，这不是事实吗？现在在大中城市，由于城市化速度加快、家庭裂变、生活方式演化等各种原因，总体上房地产处于供不应求状态，如果不是通过预售分配购买机会，而是取消预售，那么必然会增加幕后交易，导致权力寻租和腐败。

第二，在供应短缺的情况下，预售通常是购买者规避价格上涨风险的有效手段。从 1987 年深圳拍卖第一块建设用地开始，官方公布的全国商品房年度均价已经由当年的 408 元上涨到 2011 年的 5 378 元。而这个涨幅，由于发展阶段的特殊性以及统计上的缺陷，理论上被大大削弱了，实际涨幅远高于官方数据。即使在金融危机严重冲击下的 2008 年也是明显上涨的。预售的价格是根据预售前对当时供求关系的预估确定的，一般远低于一两年后房屋竣工验收时根据新的供求形势确定的现房价格。当房价涨幅远超过贷款利率的时候，毫无疑问，预售通常是购买者规避价格上涨风险的重要举措，通过预售锁定价格通常要比买现房节省很多资金。中国房地产业的高速成长还远没有结束，只要社会基本制度不变，尽管有波动的可能，但从长期看今后房价仍将呈现明显的上涨趋势。如果可以预购，所有理性者都会预先锁定一套房产，早买有选择的余地，也节省开支。

第三，预售可检验前期的投资设想特别是规划、设计是否符合市场需要，以留下调整的时间和空间。大家知道，房地产开发资金占用量大、周转慢、建设周期长、技术性要求高，又涉及许多部门和单位，投资风险较大。一旦失败，就会导致投资沉淀，回收困难，甚至危及企业生存。因此，公司进行房地产开发投资，必须先进行充分而全面的可行性分析。尽管如此，还可能摸不准或者出现失误。而预售的出现，成了一种补救措施。前面也提到了，在加拿大和澳大利亚，如果预售不能达到规定的数量，政府是不允许开工建造的，怕破坏了环境又不能满足购房者需要。在澳大利亚，如果不预售到一定数量，银行也不发放建造贷款。这就产生了一种约束机制。若预售遇到问题，公司可根据市场信息调整规划、设计，甚至取消投资。只有这样，才能保证投资本金的安全，并获得较高的经济收益。当然，中国由于总体上房地产短缺严重，十分好卖，加上管理制度的原因，通过预售摸索市场情况并修改规划、设计的很少，一般也不允许。

第四，预售在市场供应短缺的情况下，帮助开发商扩大了投资规模和产出能力，大大缓解了供求关系。凡产品成本中物化劳动消耗比重大、活劳动消耗比重小的产品，一般称为资本密集型产品，对应的行业也就称为资本密集型行业。房地产业是典型的资本密集型行业，投资量大，容纳劳动力较少，资金周转较慢，投资效果体现也慢。同技术密集型产业相比，资本密集型产业的产出能力同投资量成正比。所以，发展房地产业，需要大量的资金投入。在中国开发项目的资金来源逐步稳定，主要有四个途径：自有资金、借贷资金、赊欠资金和预售资金。取消预售不只是切断了一大笔资金来源，因为不能事先确定销售状况，也大大影响到施工企业垫资的积极性，甚至完全不敢垫付。而只靠自有资金和开发贷款，估计全社会商品房开发能力会下降三分之二。这样，假定需求不变，房价会比现在高至少两三倍。所以，这么多年来，是预售帮助行业提高了供应、压低了房价，而绝对不是抬高了房价，坑害了大家，否则外国也不会有预售制度。

有人说预售作为一种融资方式，归根结底是财富流通，并不是财富增加。这种认识是完全错误的。也有人说，为什么商品流通领域只有房地产存在预售制度？这就证明该制度的存在是没有必要的。这种说法也是错误的。飞机、轮船、机车车辆等价值量大、生产周期长的商品在销售时都是采用预售方式的。例如，飞机销售一般是买卖双方先签订飞机购买合同、进出口代理协议及支付定金，飞机生产前买家给予厂商部分费用，生产完毕后再支付全部费用，这就是明显的预售程序，尽管未使用“预售”字眼。

还有人说，预售制度等于先交钱后取货，开发商的道德风险很大。虽然从理论上说，发现质量问题或其他违约行为，业主可以拒绝收房，但毕竟钱已经交了，主动权完全在开发商手里，实际操作中业主的救济手段很有限，效果也不大。这些情况是存在的，一方面这是短缺经济下的通病，只要短缺，销售容易，竞争不充分，就会出现这类问题，这也恰恰说明了利用预售加大供应的意义；另一方面，这是中国法治秩序问题，只说明我们司法效率低、不公正现象多，维权困难，不意味着预售制度本身存在问题。实践中也偶尔有开发商资金链断裂、形成烂尾楼、预售房的购房者倒霉的情况，这主要与调控导致预期不稳定，决策风险增大有关。否则开发商至少已经投入了占比很高的土地款，即使房价下跌两三成，他也没必要跑路。再说跑路的事情多了，不限于开发领域。难道真如英国王尔德所说，“道德只不过是我们对不喜欢的人所持有的态度”？因为很多人不喜欢开发行业，就强行给它安上一些罪名吗？

昨天，我在微博里说，预售制是不可能取消的，取消的话会引起系列反应，导致整个开发、供应能力下降三分之二，供求关系大变，还会把中国经济拖垮，毁掉中国。因为取消预售，短期内会导致大量开发商缩减投资规模甚至退出开发领域，一些楼盘会烂尾，经济纠纷将剧增；长期看必然因为开发能力的下降导致房价暴涨，无法控制，百姓受苦。这不是危言耸听，打击供应者从来对需求者危害巨大。日本 1992 年开始的房价下跌，就与三个看起来无足轻重的制度变更有关，却被不明就里的人解释为“房地产泡沫”破灭。当然，不能取消，不意味着没有完善的余地，改进预售合同，使其内容像发达国家预售合同那样细致，提高对违约开发商的惩罚力度，并监管预售资金的使用，这应当成为下一步的工作重点。

# 第四章
# 再谈国民的财富观

房地产天然就是投资品，买房是合理、合法的投资方式，房地产置业投资者的存在是必要的。他们的投资，既推动了资本市场的发育，解决了无房者的住房难题，也缓解了政府保障性住房建设的压力。

## 买房致富不公平吗？

（2014年3月9日、10日、13日、15日、16日）

住建部一位副部长说：靠买对房就能致富，这样的社会不可能公平。这个观点引起一片哗然，从今天开始，我利用几天时间，简单表达一下自己的观点：买房是合理、合法的投资方式，房地产置业投资者的存在是必要的，他们在投资的同时，推动了资本市场的发育，帮助了无房者，也减缓了政府保障的压力——他们不是罪人，而是市场经济的功臣！

第一，我们看到的是，这个观点试图在迎合大众情绪，顺应舆论。这种做法，刺激了仇富情绪的泛滥，也误导了大众对房地产市场相关问题的认识，把大家引向了对立与仇恨的氛围中。这根本无益于解决所谓的“房价高”、房地产秩序混乱等问题。而且，我还想说的是：要治理好一个社会，需要政治家考虑到每个阶层与群体的利益，同时既要考虑目前需要，又要考虑可持续发展；既要考虑民众诉求，又要考虑经济规律；不能只是迎合舆论。

第二，一个正常的、健康的楼市，一定包括两部分：一部分是买卖市场，一般是自己买房子自己住或自己用；一部分是租赁市场，某些人买房子，出租给另外一些人居住或者用于经营活动。而在租赁市场上，一定是一边连着高收入人群，一边连着低收入人群；一边连着本地人，一边连着外地人；一边连着有点儿积累的普通中产家庭，一边连着刚刚起步或刚刚就业的年轻人。没有这些高收入人群、本地人和有积累的中产家庭，那些暂时不想买房子或是买不起房子的人、外来人口和刚毕业的年轻人，如果无法被纳入住房保障体系，就可能无处居住，城市化过程因此无法完成，人口流动也无法实现。

第三，买房投资是利用资本这种生产要素创造并参与分配财富的一种形式，与劳动力参与生产过程和财富分配一样。现代西方经济学认为，生产要素包括劳动力、土地、资本、企业家才能四种。随着科技的发展和知识产权制度的建立，也有人认为，技术、信息也开始作为相对独立的要素投入生产。这些生产要素进行市场交换，形成各种各样的生产要素价格，这些价格就是其回报形式。个人买房投资，就是个人利用资本参与房地产交换和分配过程的表现形式。如果没有人买房投资并追求回报，生产无法组织，整个开发过程就会中断，GDP、就业和税收都无从谈起。尊重投资这种生产要素的地位和分配权利，是市场经济的基本要求，并非所谓的不公平。

第四，房地产天然就是投资品，而且是对冲货币贬值的最佳工具。在按照支出法核算 GDP，即核算一定时期内整个社会购买最终产品的总支出时，产品和劳务的最后使用者划分为四个部分：私人消费、私人国内投资、政府购买和净出口。而消费支出包括购买耐用品、非耐用品和劳务的支出，耐用消费品包括家庭轿车、家用电器等商品，绝不包括住宅，居民用于购买住宅的支出归入固定资产投资中，属于私人国内总投资项下。就是说房地产是典型的保值增值品，可顺利再转让，一般会带来收益。即使自己住，不用于出租或者倒卖，作为资产一般也会增值，属于投资而不是消费。而且居民买了房子，也很难说是自住、出租还是出售。现在自住的房子，可能在买了更好的住房之后，变成出租房，甚至被卖掉。所以，房地产天然就是投资品，房地产市场天然是投资市场。而且，由于供应弹性小于需求弹性，需求长期看呈明显上升态势，再加上没有替代品等原因，房地产天然成为最佳投资品，总体说来回报优于股票、古董、字画、黄金等投资品种。

第五，买房出租可缓解政府住房保障的压力。前面已经提及，一个健康的房地产市场一定包括租赁市场。租赁市场的存在，不仅使房地产投资理财成为可能，更重要的是帮助了那些外来人口、低收入人群和年轻人。他们总体上为竞争弱势群体。若没有租赁市场，他们的居住将成为大的社会问题。

这是全球性的共同问题，也是古老的社会现象。在西欧大部分国家，住房自有化率处于40%—60%，无房者靠租房或租住政府的廉租房；在北欧，大约只有两三成家庭住着自己的房子；在美国，大约1/3的家庭靠租房住；在澳大利亚，业主平均买房年龄为52岁，买房之前主要是租住私人住宅，少量特别困难的租住政府的廉租房。假定某个家庭无法支付市场化房租，政府必须设法解决他们的住房问题，因为天赋人权，社会保障理应包括住房保障，这是写入《人权宪章》等国际公约和多国法律的。但是，大家知道，相对完善的保障制度是进入资本主义社会才建立起来的，在此前漫长的人类社会，穷人没有房子住，只能承租私人住宅，做房客。政府提供住房保障义务一般通过建设、分配廉租房或发放住房补贴的方式完成，私人住房租赁市场规模越小、越不发达，政府的负担就越重。所以买房出租其实帮助政府减轻了负担。

第六，市场的公平性源于其开放性、竞争性，这“三性”既是市场的特点，也是市场运行应遵循的原则。但为控制房价，政府采取了限购限贷等行政措施。这其实是有悖于市场机制、与市场“三性”相抵触的。市场机制的核心是价格机制，它是指在市场竞争中价格变动与供求变动之间的相互联系和作用。我们从中可看到价格的基础功能——传递一种信号：在需求一定的状态下，当价格上涨时，就是告诉大家供应短缺，应扩大生产规模；当价格下跌时，则意味着供应过剩，应缩减生产规模。这是市场机制中最敏感、最有效的调节机制。但限购甚至直接限价，导致价格机制的信号传递功能完全紊乱，资源配置无所依从，形成更加短缺或更加浪费的情形，加剧市场波动，干扰甚至屏蔽了开发商的决策参考信号，这才是不公平的。从市场主体角度看，采取限购措施，不让无本地户口、无纳税证明和社保证明的人购买，更违反了市场的开放性和劳动力的流动性要求，使得很多人的改善性需求、养老需求、学区房需求无法实现，这也是不公平。

# “4 000 万元”争论映射出仇富文化的泛滥*

（2011 年 5 月）

“当你 40 岁时，没有 4 000 万元身价不要来见我，也别说是我的学生——这是我对研究生的要求。培养其财富意识是我的工作内容之一，当然前提是合理合法致富。自己富了意味着创造了很多 GDP、税收、就业岗位，社会贡献大，也帮助了低收入者，并避免自己及亲属

* 原载《京师学人》25 期，记者屈丽玮、黄昕宇邮件采访。发表时的题目为《董藩：经济学者应该站在“球体”上》。

成为社会负担。对高学历者来说，贫穷意味着耻辱和失败。”北师大董藩教授在微博上的一番言论引起了广泛争议，就此我们采访了董藩教授。

## 一、话题与媒体

**记者：**您发表此番言论的契机是什么，最初发这句话是想说明什么？

**董藩：**这个话我以前上课就和他们开玩笑说过。对于任何一个老师来说，有一天学生来看他，不管这个学生是什么样子，老师都是高兴的。但作为老师，时时刻刻都要鼓励他们。鼓励他们的语言每个人不一样。尤其是我们北师大的孩子，来自贫困阶层的特别多。过去对中国四大名校有个评价，对北师大的说法是“泥腿子”，也就是说来自农民家庭、普通百姓家庭的孩子特别多。这些孩子来到大城市，尤其需要鼓励。因为他们没有任何凭借和相应基础。我教学生，就是如果你没有伞，我就要教你怎么去奔跑，不能让你傻傻地在雨里淋着。

我们总是强调从道德角度去教育。错了！老师第一位是要教学生如何生存。我讲的生存之道是合理合法地致富。生存第一条件是什么？找到工作，挣到工资。生存好点意味着什么？收入要高一些。我们要教会他们生存的本领。我们这个专业，是必须要谈钱的。因为我们是研究房地产的，我们每天研究投资规模、投入产出、经济效益。如果说我谈 4 000 万元不应该，那我们小康生活标准是用什么来表示的？1991年国家各部门设定的小康标准的第一条就是人均国内生产总值2 500元。它不也是用钱来衡量吗？在我的课堂上，肯定是要谈这个问题。如果我在课堂上不讲房地产、不讲钱而大谈道德，那我就有毛病了，那就是教学失误。思想品德课程自然有其他老师去教他们。我的课堂本身是和这些不相关的。不能因为我在这里和学生谈钱，我就怎么怎么样了。我明明讲的是合理合法致富，大家非说你是鼓动学生去贪污受贿、在中国没有合理合法致富等等。这种说法就太绝对了。我承认中国经商条件差，但还是有人守法经营、依法纳税的。在西方，合理合法致富这点都不用提，有宗教和法律来制约他们。

**记者：**在传播过程中，您的话或者您的本意是否存在被曲解或者被利用的情况？您怎么看待网络上一些媒体的报道和评论？

**董藩：**汉民族是个非宗教民族，内心缺乏约束，有些人有时为了达到目的不择手段，这在媒体系统表现很明显。现在部分媒体的生存法则就是无事生非、把小事搞大、正理歪说，因为他们要的是阅读量、发行量，为此必须吸引眼球。中国很多与政治相关的话题是不能大做文章的，于是他们就在我说的这类话题上找到了靶子。很多人根本没看我的原话就乱评论，一些媒体人士特意去掉了我中间的论述，以便于他们的批评能"名正言顺"，也便于刺激大家对社会的不满。另外，毫无疑问我的说法是有针对性的，是对我的研究生、是对房地产专业（土地管理）的研究生、是对将来基本都进房地产领域且收入偏高而且懂得个人投资的未来职业经理人说的，并不涉及其他专业、其他行业的从业人员，而且我非常明确地说要“合理合法致富”。媒体无视这些前提和背景，搅乱舆论，制造热点，现在他们的目的达到了。

## 二、财富观与社会语境

**记者：**中国社会是否很多人存在仇富心理？您认为个人的财富观与社会的仇富语境有什么样的关系？如果倡导追求财富，就会站在很多人的对立面吗？

**董藩：**仇富是一种根深蒂固的传统文化，看看中国的历史书、古典小说，几乎没有正面描述富人的。从朝代演进来看，中国的历史几乎就是在仇富思潮的推动下发展的，几乎所有的农民起义都是用“均贫富”这类口号号召起来的。我们从小就是看着《水浒传》等劫富济贫类小说、听着《三侠五义》评书长大的。不知不觉中仇富的种子就埋在了心里，只是我们并未觉察到。邓小平先生早就感觉到这个问题，所以他破除种种阻力，鼓励少数人先富起来。毕竟富比穷好，追求财富也比甘于贫困、好吃懒做更积极、更有意义。但是今天贫富差距仍然很大，而且存在不当得利、腐败收入，于是谁富了就往往遭到质疑，老百姓喜欢讨论他有没有原罪。这也是中国富人为什么大量移民的一个因素。追求财富是对的，否则中央有什么必要设立一个小康社会的目标呢？小康社会的主要指标大部分都是用货币额（收入、价值量）衡量的，为什么没有人批判中央呢？如果大家都富裕了，国家也就富裕了，中国就强大了。

我对我的学生们说，我希望你们努力奋斗，做人上人。为什么？因为我的学生们主要进商界。他们的收入高，只要是合理合法的，一定意味着对社会的贡献大，因为他们创造了更多的GDP、更多的税收和更多的就业机会。在西方，富人为什么受到尊重？因为富人曾经创造了财富和就业机会，给政府创造了税收，政府又拿着税收补贴了穷人，帮助了大家。所以富人一定受到尊重。但我们国家则不同，总会去说“原罪”等，这是整个社会心态的问题。我们需要营造一个富不傲穷、贫不妒富，政府体谅百姓、百姓理解政府的社会。

以往的教育中，就没有对于财富观的引导，大家都耻于谈财富。老师谈财富的话，就有人说老师的境界太低了。老师和学生谈财富，好像是在炫耀自己有钱。我站在那个讲台，不是在说我是富有者。很多人反问我个人有多少钱，这个与课堂上讲财富观有什么关系？这样一个时代，将正确的财富观引入到课堂十分重要：第一，要合理合法致富；第二，有了钱，怎么花钱，要显示出一种境界，比如适当捐助。我说的这种境界并不高，你要是让他拿出钱来给那些素不相识的人，他可能还舍不得。但是亲属、朋友总是应该帮的，比如亲属生病了，经济上困难，那你应该帮忙。当大家在亲属、朋友范围内能做到这点时，我想这个社会已经很好了。这些都是财富观，一方面是合法挣钱，一方面是合理花钱。

**记者：**如何看待“追求财富是应该的，但只用财产来衡量人却要挨骂。不是穷人仇富，而是大家见不惯有人嫌贫”的说法？

**董藩**：中国就没有公认的价值标准，说什么都会有反对的。俗话说“好马不吃回头草”，可俗话又说“浪子回头金不换”；俗话说“男子汉大丈夫，宁死不屈”，可俗话又说“男子汉大丈夫，能屈能伸”；俗话说“言为心声，言无不尽”，可俗话又说“交浅勿言深，沉默是金”；俗话说“车到山前必有路”，可俗话又说“不撞南墙不回头”。人们在财富方面的认识，其矛盾、冲突就更大了。俗话说“金钱不是万能的”，可俗话又说“有钱能使鬼推磨”；俗话说“贫贱不能移”，可俗话又说“人穷志短，马瘦毛长”；俗话说“人人为我，我为人人”，可俗话又说“人不为己，天诛地灭”。我总体上认为，随着财富的增长，人们的修养是在提升的。“嫌贫”也有条件的，对那些确实是客观原因导致的贫困，大家都会报以同情；但对好吃懒做的贫困者，嫌弃他也可以理解。

## 三、高校学者的个人言论和身份矛盾

**记者**：您如何看待舆论将您个人的观念放之于北京师范大学的气质形象以及教师的师德层面进行批评？

**董藩**：批评的权力在别人那里，我的言论只代表我自己。对于什么样的老师才算一个合格的老师，不同的学生理解不同、不同时代的学生理解不同、家长与学生理解不同、企业与学校理解不同。我不是闭门造车的学者，我有相对较多的社会联系，但这些联系很多是出于搞好教学的目的。我这个专业，在家查阅文献是不行的，我必须把最前沿、最实际、最有用的东西教给大家，这就要求我熟悉行业、熟悉企业，说切合实际的实实在在的话，不说“古董”类的话。我们学校的毕业生就业不是很理想，我个人觉得与办学思路和方法跟社会有所隔离有关。我对师德有自己的理解，“学为人师，行为世范”也应结合着社会演化去理解。今天的教材与过去的教材不一样了，今天的社会现实与过去的社会背景不一样了，今天的教师也应以新的面貌出现。我希望自己是知识面宽、熟悉社会、熟悉行业，能教给学生最有用的、可提高生存能力的知识的老师，我希望自己是一个真诚的、不说假话的老师，我希望自己是一个有独立思想、能跟学生讨论人生、讨论社会的老师，我希望自己是能培养出一些有独立人格、推动生产力发展和社会进步的人才的老师。

**记者：**那您如何看待一些媒体称您的行为是“自我炒作”的言论？

**董藩：**我很少接受采访，如果想炒作，我可以多接受采访。在这个事件中，杨澜、胡一虎等著名新闻人士都希望采访我，但大家并没有看到这些采访吧？过去我有一些建议通过内参受到中央领导的批示，影响到社会发展，我基本也没有拿出来交给新闻媒体。不熟悉我的人总是按照他们的理解来看待我的言行，但他们根本不知道我是怎么想、怎么做的。我从小就存在争议，我被很多人批评甚至谩骂，但很少有人知道，我获得过“学雷锋模范”“优秀青年”“高校十佳教师”等十多项省部级荣誉。

**记者：**您一直倡导学者应该持有中立的态度，这个“中立”

的评判标准是什么？

**董藩**：中立不是舆论评定的，要专业人士评定，有时中立甚至不是现在评定的，要等未来才能给出公允的评价。不懂房地产的人评价不了我在房地产领域的观点。总有些人说学者必须替老百姓说话，这个说法本身就是错误的。做学术不能踩跷跷板，要么站在政府一边，要么站在老百姓一边，这都不对。再说老百姓也是可以划分成不同群体的，农民和市民之间、本地人和外地人之间、低收入人群和中高收入人群之间、汉民族和少数民族之间，在利益上时常不一致。替谁说话才是替老百姓说话？谁不是老百姓？为此，我特意写过一篇博客文章《经济学家到底应该为谁说话》，我说："真正的学者应该站在一个'球体'上，他可能倒向任何一个方向，但又不能倒向任何一个方向；他既要考虑老百姓的要求，又要考虑政府的能力，还要考虑市场运行的规律；他既要考虑当前的工作需要，又要考虑可持续发展的要求；我不知道自己是否站到了这个'球体'上，但我一直希望自己站在'球体'上，因为这是我心目中最科学的立足点。"

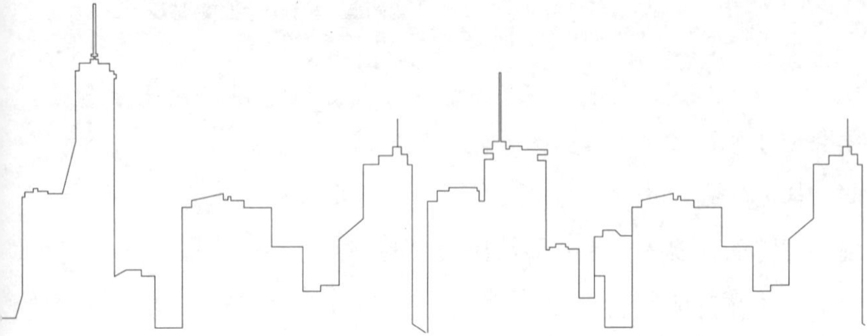

## 楼市即将打开一个新风口

### ——房地产市场投资新动向

（2017 年 4 月 21 日）

最近见了几位年轻的粉丝，他们有的是毕业于名校的研究生，有的是家底雄厚的富二代。他们问我：我们想成为职业房地产投资者，听说你提供了从初级到高级的较系统的专业知识培训。但是，似乎政策堵死了这扇门，我们看到的只是房地产投资市场上的残羹冷炙。再学习还有用么？我们真的被房地产市场抛弃了么？

我告诉他们：从理论上说，宏观调控的基本特点就是相机抉择，随着形势变化不断调整政策。永远不要把政策当作真理，因为政府的想法不是一成不变，而政策天然就是用来调整的。看看 1998 年以来中国房地产市场及调控政策的演化，不难发现实践非常充分地印证了这一点：前天打压，昨天鼓励，今天又打压。昨天号召大家入市、去库存，今天可能重启限购限贷政策……颠簸性前行，一直是中国房地产业的发展轨迹。你要看日出，怎么可以连等到拂晓的耐心都没有？

我告诉他们：一个成熟的市场一定包括两部分，一部分是买卖市场，一部分是租赁市场，最近中央政府也强调要建立购租并举的住房模式。租赁市场的存在，意味着必然有两类市场主体：出租者与承租者。出租者主要是业主，也有一部分是获得许可的转租者或资产管理者，但他们还是为背后的业主服务的。只要还存在业主，就存在投资者，业主就是完成了买卖过程的投资者。不要因为一时的限购政策，就觉得做业主很可耻。商业是最大的公益，每位出租房业主，都是一个慈善者。没有出租者，那些暂时不能买、不想买、买不起房子又纳入不到住房保障体系的人就没地方住，城市化进程难以持续推进，人口流动也无法顺利进行。

我告诉他们：政府的愿望是好的，但有时可能对形势判断不准，或对规律认识不清，或对自己的能力认识不足。而经济规律则始终要发挥作用。房价演化的趋势，不是让更多的人买得起房，而是让更多的人买不起房，世界房地产市场的发展历史充分证明了这一点。在未来的中国楼市上，住房自有化比率可能先上升，但终究会下降，而私有化比率则必然会进一步上升。政府必须努力做好住房保障工作，但更多外地人、低收入者的居住将是借助私房租赁完成的。

我告诉他们：市场的两个基本特点是开放性和自由性。市场只认钱，不认人，非常公平，没有歧视，这正是市场品格的伟大之处。任何对市场的分割都是反市场规律的，必须矫正的；市场的交易行为不应该受到限制，自然交易频率越高，价格信号就越灵敏，市场机制的运行效率就越高，资源配置的效果就越理想，也就越有利于促进总供给与总需求的均衡。

不过，我也同时告诉他们：未来十年，尽管个人（家庭）投资置业依然很有魅力，但风险显然已经出现，并不断加大。只有经过系统训练、很专业的投资者，才能游刃有余，继续发财。而且，理论上的“应该”与现实状况是两码事。现实是，让决策者成为顶级理论家是不可能的，单个市场主体也无法推动制度的快速变革，而寻租者又总能找到“乱摸”的理由。当陷入困境中时，你只是大喊大叫，有时不但没有好处，还可能惹来麻烦。你必须寻求变革，寻求突破，寻求化蛹为蝶。

限购了，而且越来越严格了，你怎么办？一次次地假离婚、再复婚？即使不伤害感情，当对离婚者购买行为进行限制时，你又怎么办？你再去找个人假结婚？你有足够的能力控制潜在的风险么？

限贷了，有两次贷款记录就买不成了。即使给你贷款的机会，首付也越来越高，你怎么办？你已经用了兄弟姊妹、侄子外甥的贷款名额，对道德风险怎么规避？即使能规避，你又有多大的操作空间？

限售了，全世界都没有的怪招都出现了，你怎么办？你可能需要通过再交易解套，可能通过再交易调整投资产品结构、改善居住条件、优化投资回报，但你却被卡住了！

有时交易是连续的，一环套一环，而政府又像特意跟你作对，直接斩断了你的连环单。你的房子卖了，但买不成了，你怎么办？你房子没买成，还违约了，需要付出巨额违约金，你又怎么办？

所有这些困境的出现，说明从市场环境而不是投资回报角度看，最好的投资时机已经过去。大家必须调整财富创造思路，逐步扬弃个人（家庭）投资置业这种虽然大众化，但层次很低的投资方式了。你必须整合社会资源，调整适用的法律规范，扩大投资与经营规模，从而破除购买资格瓶颈、资金瓶颈、外汇约束瓶颈等等，向机构投资者的方向迈进，以便在更专业化、规模化、规范化和国际化基础上求得发展。

## 提高财商，抓住未来那些能让你暴富的机会！

（2015 年 6 月 11 日）

大约十年前的某一天，仅十几分钟的工夫，我在路上就遇到了两个乞丐，一个衣衫褴褛，一个穿着还比较整洁。我突然想到一个问题：如果有一天自己因某种原因变为乞丐，会更像哪一个？会成为乞丐中的“成功人士”吗？

此后的一段时间，每当遇到乞丐时，我总是掏出 20 元钱，对他说：“去吃碗面吧，但我在做社会调查，请你帮我一个忙，回答几个问题。”我一般问他乞讨者之间有多大的贫富差距，每个乞讨者一天平均能讨多少钱，怎样能讨得更多。我发现，乞丐中的那些“富豪”都是善于察言观色，懂得市场分析，能判断出哪个地方是“风口”，哪些人会掏钱，哪些掏钱人比较大方，什么时间自己该“冲上去”的人。

上帝是公平的，他给了每个人凤鸣朝阳的机会。但为什么现实中做人的差距那么大呢？我从对乞讨行为的调查中得出结论：当那些十年一遇甚至百年一遇的机会来临时，大部分人不能乘时乘势，结果与这些原本能改变命运的机会失之交臂。

在财富创造过程中，这种情形非常明显——有些人总是抱怨没有机会。其实，这些人或是脑子笨，永远看不到机会；或是反应慢，机会消失了才知道自己被抛弃了；或是行动力差，看到机会时仍然懒洋洋的，不知道立即扑上去。他们其实不缺机会，缺的是智慧和决断力。这应了英国一句古老的谚语：狐狸总是抱怨陷阱，而不是抱怨自己。

财商确实天生有别，但努力学习是可以提升的。我曾在微博里说过：“培育市场理念，传播基础知识，搭建交流平台，敦促刻苦学习——这是我对学生的四项职责。”自从四年前“40 岁 4 000 万元”的轩然大波出现后，我就被舆论视为“另类教授”，但我一直在践行自己的教育观，在课堂上用极强的市场意识和竞争理念去冲击学生头脑中原有的那些错误、迂腐、保守或自欺欺人的认识，引导他们积极对待市场，提高反应能力和投资技巧，成为善于竞争的人。在几年的学习中，我的硕士生、博士生们大多在财富意识和投资机会甄别能力方面有大幅度提升。他们在我这里学习了“货币的边际效用与房价”“外部性与价格走势”“正外部性的捕捉”“气候性需求与房价演化”“生活方式演化对需求及房价的影响”等专业知识，踏入社会后显示出极强的房地产投资意识和操作能力，有些人三四年便有了两三套房子。

在我的微博和微信公众号里，常见留言之一是：“董藩教授，前几年那样暴涨的机会还会有吗？”每每遇到类似留言，我就把美国学者马尔登在《没有机会》一书中的名言“没有机会，这永远是弱者的推托之词”留给他。后来我想，粉丝们不是我的学生，没有系统的专业知识，确实机会来临也未必感觉得到、把握得住。有些人因为不懂房地产知识，觉得我在炒作，或者动机歪，或者水平差，还天天留言骂我。这样的人太多，我骂不过他们，以我的身份也不好总用脏话回应。于是，在被骂了八年之后，我决定大量减少清华、北大等高校董事长、总裁班的授课计划，腾出一些精力对粉丝们进行房地产投资理财知识培训（我“335”人生规划的一部分）。这件事我做得很艰难，尽管在新浪微博上得到任志强等多位好友转发宣传，也曾借助朋友通过一定方式筹集了30万元进行免费培训，但最终发现免费的事情玩儿不下去，必须回到市场化的轨道上来。现在，数千位现场听过我课程的粉丝逐渐有了虽然初级，但相对系统的专业知识，投资意识和风险控制能力都明显提升。很多粉丝反复听课（一些人甚至听过五六遍），初级班听完，再进入中级班——我在北师大给研究生讲授的房地产投资课程旁听。还有的从中级班进入高级班——房地产EMBA项目学习，进行更系统、强度更大的训练。尽管采用商业化方式运作，但我是抱着一种理想在推进这项工作，我和众多专家一定会激发这些粉丝的财富意识和机会把控能力，让他们一树百获，俯拾仰取，而不是劳而无功，宝山空回。

要抓住这些暴富的机会，不仅要具有投资意识和能力，更重要的是善于发现“风口”，把握住进入和退出时间。我告诉学生们“智慧致富”和“投资致富”，只是富了要有爱心，要帮助低收入家庭，维护社会和谐。

九转功成。投资意识和能力的提升并不容易，除了学习外，还要拓展信息来源，能识别出哪些信息真实、有用，哪些信息虚假、无用，并判断出各种信息对需求和价格的影响——我曾经反复讲过被很多经济学者忽视了的价格机制的财富分配功能，告诉大家：别人发财了，其实就是你的损失，全社会的财富正在通过价格机制做重新分配。所以，一个聪明的投资者就是要努力找到各种能借势起飞的“风口”，在财富分配中占据有利地位。

我的一篇推送文章《站到风口上，飞到通州去！》得到了广泛转载，阅读量较大。一些细心的人发现：在北京市政府搬迁消息大面积传播前的五六天，我已经对粉丝喊出了“赌一把通州”的团购建议，于是一些人私信问我怎么得到的消息。我的确获得了一些消息，但这些消息很多人也有耳闻，只是没有把众多相关信息链接起来，推导出其中的商业机会与价值而已。我把得到的消息向信息通灵人士做了求证，联系着过去掌握的政府关于通州建设的看法，知道风口出现了——只恨我被限购限贷政策挡在了门外！

其实，判断“风口”出现的区位和“正外部性”的大小，并不是很难的事情。我在房地产投资理财的课堂上，强调不要从市场中找价值洼地，而要从规划中发现潜在价值洼地。例如，关注重要交通路线的建设，关注有利于聚集需求的一些大型投资项目的选址，关注城市规划的变动和区域增长极的形成。另外，城镇区划的调整与升级、特殊政策导致的需求外溢、基于某种政治目的而对某一区域经济的强推、某些区域环境的大规模改造，都会极大改变房产价格评估的条件，带给业主或投资者暴富的机会。

北京、上海、深圳等大都市已经出现了多次使人暴富的机会：北京金融街规划带来的机会你抓住了吗？浦东开发的机会你抓住了吗？上海自贸区建设的机会你抓住了吗？深圳前海规划的机会你抓住了吗？ 2009 年救市的机会你抓住了吗？海外投资置业的浪潮你跟进了吗？这些机会不仅仅属于当地市民，也属于全国、全世界每一位投资者。抓住了的财富大增值，未抓住的财富变相缩水。未来继续出现“正外部性”的机会仍很多，但将主要出现在大都市、核心城市及其周边区域。以北京及周边区域为例，固安、通州、燕郊、香河、涿州、大厂其实都已成为事实上的“风口”，只是风力等级有明显差别而已。这就是我敢号召粉丝在固安、通州进行团购的原因。

## ■ 强调几种房地产投资理财理念

（2014 年 7 月 7 日）

房地产投资是十分复杂的智力劳动，我学习、研究房地产 28 年，深刻感受到这一点。在过去十年中，我个人的年均投资回报率达到 60%—70%（理论数值），单笔资金曾在某一年中创造出 2 000% 的成绩。这点儿成绩的取得，绝对不是靠投机取巧，而是我深入研究投资规律与市场条件的结果。很多人问我如何做投资，因为每个项目、区域、家庭、个人存在巨大差异，不容易给出统一答案。除了要深入研究、测度外部性和货币边际效用外，我在这里再强调几种房地产投资理财理念吧，这也是我们团队为客户设计房地产投资理财方案时遵循的几十项原则中的一部分：

1. 买房就是买一张城市门票，要关注这个城市功能和竞争力是否强大。

2. 买房就是买一个城市创造 GDP 的能力，特别是人均创造 GDP 的能力。

3. 买房就是买需求调整的机会，要看在中长期需求调整中这个城市处于有利还是不利状态。

4. 买房就是寻找“借光”的机会，要看是否有被周围大城市膨胀的需求“滋润”的可能。

5. 买房就是买一个城市财富创造的能力，要研究城市产业结构等对财富增长的影响；

6. 买房就是买环境，要研究生态、治安、气候等环境因素对定价和增值的影响。

7. 买房就是买配套，要研究能否享受高质量的公共服务和私人服务。

8. 买房就是买地段，要研究需求在一个城市中的空间分布“密度”。

## ■ 对投资置业的风险提示

（2014 年 12 月 21 日）

在所有大众化的投资品种中，毫无疑问房地产是最好的一类，不仅风险低，而且回报率极高。十年来，我自己在房地产投资市场上的年投资回报率达到了 60%—70%（系根据升值幅度进行的估算，是个大致的数值，非精确比率），个别特殊投资方案甚至曾带来过 2 000% 的年回报率。在过去几年里，我受托为客户做过一些房地产投资方案，按照房产价格变化，大概也都有年均 40%—50% 的回报率。这些年还有无数粉丝受我的影响，买了房子，也都有了不同程度的回报。

有人可能问：董藩教授，按照你的说法，房地产投资置业是不是完全没有风险？不是这样。我只是说一般情况下房地产投资置业风险很低，但特殊情况下是可能出现亏损风险的。另外，投资方案欠妥，也可能导致回报大幅下降甚至亏损。由于经济形势恶化严重，有的地方政府和事业单位已经到了无法支付工资，甚至借高利贷开工资的地步，我不得不提示粉丝们注意投资置业的风险。除了我在课堂上讲的“九阳神功”“九阴真经”和“降龙十八掌”必须牢记并融会贯通外，眼下我想再对粉丝们做系列提醒。

1. 地方经济陷入困境，甚至政府都借钱开工资的城市，除自住外，暂时不要再买房子，自住暂时采用承租方式更好。

2. 连续三年人口净流出的城市，要研究人口净流出的原因。若具有常态化特点，则要关注投资风险。除自住外，原则上不要再买房子，除非今后出现新的发展机遇；或者遇到了配套很好、地段极佳，价格也合适的项目。

3. 资源枯竭型的矿业城市，可能陷入长期衰退和人口外流状态，原则上不要再买。除非又发现新的大规模优质资源，而且开发潜力较大，可能改变人口流向，否则非自住的房子尽量脱手。

4. 对经济增长速度相对较低的三、四线城市，要结合近五年的结婚率、离婚率、丁克家庭比率、三代同居比率、人口净增长状况、年均城市化率及未来潜力、城市住宅配套状况、周围中小城镇的数量及人口规模、户均人口数等经济、社会发展指标做评估，研究是否需要撤出投资。

5. 对某些主导产业创富能力弱，而且在全国没有竞争力的城市，要研究城市的发展战略与潜力，看未来一段时间是否有聚集需求的其他机会，特别是规划变动带来的特殊机会（如边境口岸开放且发展潜力大）。若没有，则要考虑撤出。

6. 一些投资者盯着新设立的国家级开发区或省级开发区寻找投资项目。以今天的市场状况来看，这些开发区大多数发展不起来，现在开发区“撂荒”现象很普遍。要评估这些开发区发展成功的可能性及发展速度，决定进还是不进。

7. 区域经济合作并不一定对双方都有利，“双赢”的事情很少发生。要研究不同城市各自产生的“涓滴效应”和“回流效应”孰强孰弱，借以研究对需求和房价的影响，看是否该进入。

8. 在房价水平长期处于全国平均增长线以下的城市，若持有商业设施和写字楼，原则上要在利润较高的时刻卖掉，转入新的市场，并通过优化方案扩大投资规模。不要等亏损时再卖——资产的定价主要取决于回报预期，不要在预期看衰时处理资产。

9. 某些小区开发历史早，房屋老旧。若周围配套有优势，如有好的学区，或邻近著名商业设施，或临近著名景观区等，可以考虑购买或继续持有。如果没有明显优势，且房龄已达 20 年以上，暮气较重，物业服务一般也较差，原则上不购买，或者要考虑卖出。

10. 要研究目标小区的居住人群身份类别与财富层次。从保值增值角度看，居住人群越富越好，但一定要结合身份群体情况看，不能偏颇。

房地产投资置业的风险问题，实际上涉及的内容很多，以上内容属于课堂教学之外的补充，大家须结合着我所讲的“货币的边际效用”“外部性”等理论仔细体会、理解。

## 你知道邻里会影响房产投资回报吗？

（2014年12月27日）

接受一位私营企业主委托，为其提供购房咨询服务，我特意跟他谈了邻里选择对投资回报的影响。听后他说：“董藩教授，想不到买房子还有这么多专业知识。”他的感慨使我想到，简单讲讲这方面的知识，也许对各位朋友有帮助。

作为经济学家和房地产专家，我是相信邻里群体的类别和层次对投资回报的影响的。进过我的房地产投资理财课堂的人都知道，我讲过的投资基础理论中，有一种理论叫“外部性”。投资就是要努力寻找正外部性，规避负外部性；寻找潜在的正外部性，规避可能出现的负外部性；周围环境给业主带来的正外部性越大，则越好；负外部性越小，则越好。讲课时由于时间关系，我对此只是略有提及。其实外部性不仅包括硬环境，还包括软环境。软环境最主要的就是居住人群和层次，当然还有其他方面的内容。

《南史·吕僧珍传》记载：“季雅买宅，与吕僧珍为邻。吕问宅价，季曰：‘一万一千。’吕怪其价昂。季曰：‘一万买邻，一千买宅耳。’”《增广贤文》也有“千贯买田，万贯结邻”的说法。孟母三迁的传说，在中国民间更是广泛流传。这些故事，说的都是良好的人文环境对居民家庭的生活尤其是对青少年的成长是十分重要的，并没有说到对房地产增值回报的影响。其实周围人文环境尤其是居住人群的类别和层次对房地产的保值增值性也具有重要影响。

人的社会属性决定了每个居民都要与邻里发生关系。无疑每个人都希望与对自己和家庭有帮助的人交往，厌恶那些可能使自己或家庭成员不悦甚至受到伤害的人。即使不与这些人过多交往，邻里的文明程度、社会认可度等也是二手房购买的重要参考因素。现代社会的居民不仅要求高品质的物质生活，更需要高品位的精神生活。与谁做邻里，感受可能完全不同：与某些有社会声望的人住在一起，可能会觉得很有面子；与文艺、文化名人比邻，可能增加很多谈资；与企业家们做邻居，可能便于孩子找工作；与军人住在一起，可能增加安全感等。一个公认的层次高的居住群体，对房地产的保值增值具有重要影响，而一个居住人群相对较差的小区，二手房售价一般不理想。

几年前，我曾经发放几百份问卷，对二手房小区的主要居住群体的类别、层次进行过一次民意调查，其结果如下：

优：大学教师（95%），外国人（91%），中高级机关和事业单位工作人员（89%），高级白领（79%），军人（75%）。

中：中小学教师（51%），文艺与文化工作者（45%），公检法人员（36%），私营企业主、个体户（34%），蓝领阶层（32%）。

差：回迁户（7%），城中村居民（4%），外来流动人口（2%）。

这个调查已经过去几年了，但结论没变。我们的调查对象还不够全面，但已经涵盖了现行社会状况下可能聚集在一起的大部分人群类别。对一个居住小区来说，调查其未来或既有居住人群的类别和层次很重要。如果非常理想，可能最高产生 10% 左右的溢价；如果很不理想，则可能产生 10% 左右的价值贬损。这个结论我过去没公布过，因为怕引起居住歧视问题。今天我公布出来，是希望各位关注到这一因素对房地产回报的实实在在的影响，做个明明白白的投资人。